AF 144813

WEG INS LICHT

(Die Geschichte über eine unglückliche Kindheit mit glücklichem Ausgang)

Snježana Kovačić

Bjelovar, 2019.

Die kleine Mona Lisa

Naige (sprich: Nesch, aber niemand nannte sie jemals so; es klang zu sehr Französisch, übertrieben, schon immer nannte man sie Nan) drehte sich ruckartig zum kleinen Bild an der Wand.

Das Bild war ein Schwarz-Weiß-Bild und zeigte ein lächelndes Mädchen mit vollen Bäckchen, wunderschönen glatten, langen Haaren und einem süßen Lächeln, das eine Reihe kleiner, weißer Zähnchen zeigte. Wie Mona Lisa in Klein, dachte Nan, nur, dass sie ein offenes Lächeln hatte. Nan begriff, dass ihr Gesicht tränennass war, dass sie ein Stechen in der Brust spürte, und dass sie genug von diesem Gefühl hatte, wann immer sie sich das Bild anschaute. Plötzlich hörte sie eine Stimme sagen: „Los, nimm das Aufnahmegerät und fange an, zu reden, oder du wirst für immer weinen." Zuerst rief sie ihre Mutter an, um sie zu fragen, ob es ihr gut geht, um ihre Stimme zu hören. Im Gefühlstornado und mit einer so empfindsamen Seele, dass, wenn jemand sie jetzt falsch angucken würde, sie, dachte sie, für immer heulen könnte, rief sie Skriba in diesem Zustand an. Skriba war ihre beste Freundin und drängte Nan seit Langem dazu, ihr von ihrer Kindheit und Jugend zu erzählen, und sie würde versuchen, dies in ein Buch umzusetzen. Nan fand das lustig. Herrgott, es gibt so viele Schicksale, die schlimmer als ihres sind. Aber jetzt ist es ihr egal, soll sie damit machen, was sie will, es muss raus aus ihr. Sie kann nicht mehr damit leben. Skriba sagte neulich zu ihr, dass sie sie anrufen soll, wenn sie Stimmen aus dem Bild hört. „Hallo, Liebe, komm heute rüber zu mir und bring bitte das Aufnahmegerät mit. Ich habe die Stimme aus dem Bild gehört und kann nicht mehr…", sprach Nan müde in den Hörer. „Das war die Stimme deines inneren Kindes, sie möchte dir etwas sagen. Hör aufmerksam zu, und wenn du den Bedarf spürst, dann drücke die Taste und sprich.", sagte Skriba. Im Nu war sie bei Nan, Nescafé-Duft erfüllte den Äther, und Nan studierte eine Kurzanleitung für die Benutzung des Aufnahmegeräts. „Es ist toll, eine solche Freundin zu haben", dachte Nan und umarmte Skriba. „Ich hoffe, dass ich für dich auch so gut bin", dachte sie wieder lautlos, woraufhin Skriba laut und deutlich antwortete: „Natürlich bist du das, du Dummerchen." Sie verstanden sich ohne viele Worte. Nachdem sie ihre Freundin zur Tür begleitet hatte, schaute sie sich noch einmal das Bild an. Sie hatte es heute als Geburtstagsgeschenk von ihrer lieben, ältesten Tante bekommen, die es vergrößert und eingerahmt hat. „Heute Abend werden du und ich uns auseinandersetzen. Du wirst mir erklären müssen, warum du mich zum Weinen bringst, meine kleine Mona Lisa", flüsterte Nan beim Verlassen des Zimmers.

Wahrheiten und Irrtümer

Im August 2009 begann das Diktieren. Nan ist eine Bekehrte. Sie glaubt zumindest, dass sie es ist. Nicht, dass sie in ihrer Jugend nicht von Gott wusste, aber ganz sicher weiß sie, dass ihre Religionslehrer sie nicht das gelehrt haben, was sie die Kinder heute lehren. Damals lag die Betonung auf Gott als dem Rächer, dem strafenden Gott, der Rache nimmt. In diesem Alter verstand sie nicht viel von der präsentierten Lehre von Jesus, einer absolut unglaublichen Lehre für ein Kind, dem im wahren Leben nicht gerade viel verziehen wird. Ohne besondere Erklärung oder eine Art, diese Materie dem Kindsalter anzupassen, war alles zusammen für sie beängstigend – wer nichts hat, dem nimmt man – wer etwas hat, dem gibt man. Was kann ein neun- oder zehnjähriges Mädchen davon halten, das nicht im großen Überfluss lebt, das seine Mutter täglich dabei beobachtet, wie sie sich

kaputt arbeitet. Dass ihr jemand dies nimmt? Heute ist ihre Wahrnehmung dieser Problematik eine ganz andere, aber damals verstand sie nicht, dass es sich um keine materiellen Güter handelte. Manche Beichtväter erschreckten die Kinder und Jugendlichen in dem Maße, dass sie unangenehme und unverschämte Fragen stellten, wie z.B. „Befriedigst du dich selbst?", aber das Kind war zehn und begriff nicht, was der Priester wissen wollte. Vielleicht war auch das einer der Gründe, warum viele Jugendliche der Kirche den Rücken gekehrt haben. Nan fand Jesus selbst. Eigentlich hat er sie gefunden. Heute schaut sie ohne Angst und Schmerz zurück und verwandelt sich nicht in eine Salzsäule. Sie begreift, dass Er immer da war, in ihrer Nähe, oder dass er zumindest Engel schickte, um sie zu beschützen. Er hatte einen Plan... Jetzt weiß sie, dass sie sich oftmals in wirklicher Lebensgefahr befand, ohne dass ihr oder jemandem um sie herum jemals etwas passierte. Damals waren diese Erfahrungen so hässlich und traumatisch, dass sie glaubte, alle hätten sie verlassen. Dennoch überlebte sie, was man von vielen Kindern nicht behaupten kann. Sie brachte das irgendwie mit Gott in Verbindung, obwohl es eine schwere Frage ist, was Eltern denken, die in dieser Krankheit der sinnlosen Gewalt ihr geliebtes Kind verloren haben. Viele von ihnen sind Gläubige, und sie werden irgendwie leichter damit leben, obwohl sie daran zweifelt, dass irgendein Trost existiert... Wir alle lieben unsere Nächsten, aber es ist unvermeidbar, dass unsere Liebsten uns einmal verlassen, Omas, Mütter. Wir selbst werden gehen. In alledem liegen dennoch Sinn, Lebenslogik und eine natürliche Ordnung. Wenn Eltern ihr Kind begraben, dann ist dies unnatürlich, unnormal, grauenhaft und schrecklich. Und deshalb denkt, wünscht und glaubt sie, dass man Kindern von klein auf beibringen muss, dass sie nie allein sind. Auch wenn Mama und Papa sie schlagen, sie nicht lieben, sie verlassen, muss man ihnen dort, wo sie sind, in

Kinderheimen, in Ersatzfamilien, bei Verwandten immer sagen, dass ihr Leben wertvoll ist, und dass es sie nicht gäbe, wenn es nicht so wäre, dass sie gebraucht und geliebt werden. Gläubige können ihnen sehr wertvolle und anregende Texte aus der Hagiotherapie vorlesen, die so wundervoll, sanft und allen verständlich sind.

Nan dachte an den Satz, der ungefähr so lautet: „Es gibt keinen besseren Freund als Jesus, denn welcher Freund würde sein Leben für dich geben." Und wenn du der einzige auf der Welt wärst, würde er kommen und sein Leben für dich geben. Du bist hier und lebst, weil jemand es so wollte. Das bezieht sich auch auf andere Menschen, die kein Recht haben, dich zu verletzen, und auch du hast kein Recht, sie zu verletzen. Würden wir Kindern das ab dem Kindergartenalter beibringen, dann wäre Gewalt im Jugendalter wirklich eine unglaubliche Seltenheit. Diese Arbeit ist ein Beitrag im Kampf gegen Kindesmisshandlung und Misshandlung jeglicher Art. Wenn diese Texte einen einzigen Elternteil oder Vormund oder Fürsorger, der gewalttätig, widerwärtig ist und pervers die Angst genießt, die er verbreitet, dazu bringen, nachzudenken, damit aufzuhören, sich bei dem wundervollen kleinen Wesen zu entschuldigen, um das er sich kümmern müsste, wenn er aufhört, Angst zu verbreiten, und beginnt, Liebe und Zärtlichkeit zu geben, wenn er wegen dieses Buches aufhört, die Ausrede zu nutzen, dass auch er misshandelt wurde, und deshalb jemandem das Leben schöner und fröhlicher macht, dann hat dieses Buch sein Ziel erreicht. Jedes Mal, wenn sie ein Kind schlagen, begehen sie ein Verbrechen. Sie sind sich bewusst, dass niemand sie deswegen bestrafen wird, also begehen sie häufig Verbrechen. Ungestraft tun, was man möchte, also auch ein Verbrechen, ist eine mächtige Adrenalinbombe. *Es wäre angebracht, zu verstehen, dass Erwachsenwerden Lernen bedeutet, und Lernen ist schwere Arbeit. Bekannt ist die Wahrheit, dass derjenige, der arbeitet, auch Fehler* macht. Stellen sie sich vor, dass jemand sie immer dann, wenn sie etwas falsch machen, wenn sie ein Glas kaputt machen, wenn ihnen das Essen anbrennt, wenn sie sich mit jemandem streiten, schlägt, auslacht und quält. In was würde sich ihr Leben verwandeln? Das ist schrecklich. Wie geht es den Kleinen, wenn jemand ihnen das antut, der um einiges größer und stärker ist, der sie töten, verletzen, auf jede Weise verwunden kann? Lehnen sie es ab, ein Übel-Täter zu sein, auch wenn man ihnen dasselbe in ihrer Kindheit angetan hat, und gerade deshalb, weil man es ihnen in ihrer Kindheit angetan hat.

Von allem ein bisschen, von Gefühlen am meisten...

Mein Gewalttäter, dachte Nan, ist jetzt alt und erbärmlich, aber niemand hat ihn gehindert, und er hat viel Leid zugefügt und viele Kinder unglücklich gemacht – vier von ihnen. Zwei kennt sie gar nicht, aber gemeinsame Freunde haben ihr erzählt, dass er ihnen Leid zugefügt hat. Dreien ist er der Vater, und ihr war er der Stiefvater, wie aus den beängstigenden Geschichten über grauenhaft böse Stiefväter und Stiefmütter. Der alte Kerl, von dem sie sich millionenfach wünschte, er würde verschwinden... Wissenschaftler und Experten, die das Erwachsenwerden studieren, glauben, sie wüssten alles, was im ersten, dritten, fünften und in den übrigen Jahren im Kopf, in der Seele, im Herzen eines Kindes vorgeht, das täglich verbaler und physischer Gewalt ausgesetzt ist. Das, an was sie sich erinnert, egal, was andere darüber denken, sind Erlebnisse ab ihrem dritten Lebensjahr, und sie sind überhaupt nicht schön. Sie erinnert sich an Farben, Formen, ausgesprochene Wörter und Sätze und an ihren Ton, Tränen, Getränke, welches Lied in dem Augenblick gespielt hat, und an den Text des Liedes. Am stärksten erinnert sie sich an Gefühle, die ohnmächtige

Wut, die ihre sanfte, kindliche Zellenstruktur zerstört und undenkbare Leere hinterlässt. Diese Wut bricht aus, wenn du in die Ecke gedrängt wirst. Welcher Hintergrund steht hinter allem, wenn ein zwölfjähriges Mädchen, dem ihr Stiefvater gerade ein ganzes Büschel Haare herausgerissen hat, sagt: „Du wirst nach der Nachtschicht einschlafen, und ich werde dir das Gesicht von einem Ohr bis zum anderen mit dem Messer, das du selbst neulich geschärft hast, aufschlitzen." Unglaublich, aber der Gewalttäter weicht zurück, vielleicht gewarnt durch einen winzig kleinen Teil seines übrig gebliebenen, gesunden Menschenverstands, dass das Kind erwachsen geworden ist, dass es ablehnt, weiter Opfer zu sein, und dass es besser ist, es nicht auf die Spitze zu treiben. Dieses Kind hat bereits im frühesten Alter erkannt, wie es gegenüber seinen Kindern nicht sein möchte.

Lange Zeit versuchte Nan, ihre zerstörte und ziemlich ruinierte Kindheit zu überwinden, aber ihre Psyche war immer empfindlich bei diesem Thema. Nie ertrug sie Situationen, in denen Kinder angeschrien, geschlagen werden, und sie konnte auch keine Filme anschauen, in denen aus irgendeinem Grund Kinder oder ihre Mütter verunglücken. Nur Mütter. Die Väter interessierten sie überhaupt nicht. Ihrer verließ sie, als sie drei Jahre alt war, und sie erinnerte sich an alles. Weil ihr Vater sie verließ, hatte sie einen Stiefvater, der sie schlecht behandelte. Niemals interessierten Väter sie in Filmen, und niemals verstand sie, warum Kinder sie in Filmen mögen, obwohl sie böse sind und doch weggehen werden. Auch sie liebte ihren Vater, und er ging trotzdem.

Sie kam einfach nicht zum Diktieren. Mehr als die Hälfte ihres Lebens ist hinter ihr, der Staub des Alltags hat alles gut verdeckt, ihr JETZT ist sehr schön und ausgefüllt… das Ausgraben brachte wieder ziemlichen Schmerz mit sich. Es muss raus. An einem Tag weinte sie, an zweien hatte sie Kopfschmerzen, und dann begann sie, zu diktieren, an einem Freitagabend, am Strand, ungefähr einen Monat nach Skribas Besuch. Das Meer ist wundervoll, ihre Kinder sind hinter ihr, sie haben keine Ahnung, was sie macht, aber sie hat ihnen schon etwas von ihrer Kindheit erzählt, nur einige Dinge, die sie begreifen können. Ihre Tochter sagte: „Mama, du Arme!", und ihr Sohn schaut immer noch zweifelnd, als würde sie sich das ausdenken. Er kann es nicht begreifen, weil er ein ganz anderes Leben lebt, in dem seine Mutter und alle um ihn herum leben, um ihn glücklich zu machen… Ihr Mann hat ihr nie zu sehr geglaubt in dieser Sache, immer hat er gesagt, sie würde übertreiben, es sei nicht ganz so, als ob er bei ihr gewesen ist und gesehen hätte, was vor sich ging.

Sie weint noch immer bei gefühlvollen Szenen. Ihre Wut dauert nie länger als drei Minuten. Sie hält es für normal, im Leben auch zu weinen und böse zu werden und zu lachen, und sogar sich zu streiten, wenn es nicht zu lange dauert, tagelang und unendlich. Allerdings empfiehlt ihr, wann immer so etwas passiert, jemand aus ihrem näheren Umfeld wärmstens eine Beruhigungstablette, so dass sie zu dem Schluss kam, dass es sehr frustrierend für sie ist, weil normale Emotionen nicht behandelt werden müssen. Und sie begriff, dass jegliches Zeigen von Gefühlen für manche Menschen ein wenig unangenehm ist. Aber sie ist sie, also nimm sie oder lass es sein. Jetzt kann sie wenigstens weinen und lachen, so viel sie will, niemand wird sie deshalb ohrfeigen. Ist es nicht normal, manchmal im Leben aus Herzenslust zu lachen oder zu weinen oder vor Freude in die Luft zu springen? Wenn alle es so erleben würden, dann wäre Depression ein seltenes Phänomen. Ihre Erinnerungen reichen in ihr drittes Lebensjahr zurück, und das war 1967.

PAPA?

Nur verschwommen erinnert sie sich („verschwommen" ist die reine Ironie, ohne Übertreibung), sie hatte

einen Papa… Papa verließ sie und Mama, als sie drei war. Mama war vierundzwanzig und ungefähr einen oder zwei Monate schwanger (er wusste es nicht), und sie war wunderschön. Sie ähnelte Liz Taylor. Sie nahm sie an der Hand und ging mit ihr zur Mietwohnung, in der ihr Vater sich mit einer anderen Frau aufhielt. Mama fragte ihn offen, ober er zu ihr und seinem Kind zurückkommen würde, oder… Er antwortete, dass er bei der anderen bleibt. Mama weinte tagelang, hörte alte Platten. Einmal betrank sie sich sogar, aber dann kam sie zu sich. Es dauerte nicht lange und der Mutterinstinkt siegte. Neben ihr war ein kleines Mädchen, das ebenfalls litt, still und auf ihre Weise. Und sie war überzeugt, dass ihr Papa deshalb gegangen ist, weil sie hässlich ist und eine große Nase hat. Mama begriff, dass sie ein Kind hat, dass sie Untermieterin ist, dass sie Vaters Schulden vom Kartenspielen bezahlen muss, und dass sie schwanger ist. Die Welt kam ihr plötzlich als ein ganz schön unsicherer Ort vor, sie fühlte Angst, Einsamkeit, und sie war vierundzwanzig. Unter diesen Umständen traf sie eine ziemlich falsche Entscheidung, wegen der sie auch heute noch leidet – sie trieb ab. Es fällt ihr immer schwer, dieses Thema mit ihrer Mutter anzusprechen, obwohl sie ein sehr gutes Verhältnis haben, weil das Öffnen alter Wunden immer schmerzhaft ist, und weil Mama deshalb sehr leidet. Sie sagte zu ihr, dass sie es sich nie verziehen hat. Sie hat sie bis zu dem Maße vor dieser Information geschützt, dass Nan erst mit siebenunddreißig davon erfahren hat, als sie selbst zwei Kinder hatte. Nie in ihrem Leben verübelte sie es ihrer Mutter. Die Entscheidung, es ihr nicht früher zu sagen, war gut. Zu jung, um zu verstehen, hätte sie sie vielleicht verurteilt. Als Mutter und Frau hat sie ihr nichts vorzuwerfen. Sie hat das getan, was sie in dem Augenblick, unter den Umständen und in den Jahren für das Beste hielt. Sie hatte niemanden, der sie hätte beraten und ihr helfen können. Sie hatte nur ein kleines Mäd-

chen, das nichts davon verstand, und dieses Mädchen hatte ihre Mutter, die Mutter und Vater war und heute noch ist. Und dafür ist sie ihr dankbar. Sie muss sich für nichts schämen: Wer keine Sünden hat, werfe den ersten Stein…

Oh, Nan liebte ihren Papa sehr. Als er ging, tat es ihr sehr weh, dass er sie nicht liebte. Sie schaute sich im Spiegel an, und vor dort aus blickte ein Mädchen mit großer Nase sie an (sie empfand sich immer als hässlich), und sie glaubte, dass er ging, weil sie hässlich ist. Sie dachte nicht, dass sie schuld ist, nur, dass sie hässlich ist, und dass dies der Grund für sein Gehen war. Später, als Mama ihren Stiefvater kennenlernte, und als er sein wahres Gesicht zeigte, indem er sie schlug, ihr Haare herausriss, sie misshandelte mit seinen Nervenausbrüchen, seinem Schreien und Fluchen, mit seinen hervorquellenden Augen (sie glaubte, dass sie ihm herausfallen würden, wie in einem Zeichentrickfilm), aus seinem Mund floss Speichel, er war eine Bestie… dachte sie immer tief in ihrer Seele, dass ihr Papa als Superheld aus dem Nichts auftauchen und sie retten würde… Natürlich tauchte er nie auf. Nie meldete er sich, zu keinem einzigen Geburtstag, zu keinem einzigen Weihnachtsfest. Nie schickte er ein Päckchen. Nie zahlte er auch nur eine Unterhaltsrate. Nie fragte er nach ihr. Sie fragte nach ihm und besuchte ihn einmal. Die ganze Zeit lästerte er über ihre Mutter und versuchte, sie zu überzeugen, dass sie Schuld an seinem Gehen war, und dass sie nicht intelligent war, weil sie von niemandem Intelligenz lernen konnte (Mama ist natürlich eine Dumme). Vater ist ein großer Hochstapler und ein großer Lügner.

Skriba verlor unerwartet ihren geliebten Vater, als sie siebzehn war. Er starb überraschend, er war nie krank, nach dem Ostermittagessen. Er war siebenundvierzig. Einmal fragte sie Skriba, was schlimmer sei – wenn der Vater auf diese Weise geht, oder wenn er lebt

und gesund ist, und du weißt, dass er sich nicht um dich schert. Die Zeit heilt irgendwann manche Wunden, aber die bewusste Vernachlässigung öffnet ständig neue. Ich denke, dass es in beiden Fällen sehr schwer ist, nur dass der dauerhafte Verlust irgendwie überwunden wird, und die dauerhafte Vernachlässigung schmerzt permanent. Am schlimmsten war, dachte sie, als ihr Stiefvater nicht mehr mit ihr kommunizieren wollte, weil sie ihn „Onkel" nannte. Er zwang Mama dazu, sie dazu zu bringen, dass sie ihn PAPA nannte. Das war die schmerzhafteste und traumatischste Erfahrung ihrer frühen Kindheit. Damals schlug er sie noch nicht, er traute sich nicht, weil die Beziehung mit Mama noch nicht stabil und lang genug war, aber er drohte ihr sehr, und sie hatte Angst vor ihm, sie hatte große Angst. Mama arbeitete alle Tage lang im Gastgewerbe. Manchmal arbeitete man von fünf Uhr morgens in zwei Schichten. Sie war immer sehr müde. Als sie einmal versuchte, ihr zu sagen, dass er ihr drohte, war sie zu müde, um ihr zuzuhören. Nan versuchte es nie wieder. Hier würde sie gerne eine Parallele zu dem Verhältnis zu ihren eigenen Kindern ziehen, und sie müsste sich eingestehen, dass ihre Tochter sie mehrfach mit den Worten aufmerksam gemacht hat: „Mama, du hörst mir nicht zu.". Sehr schnell lernte sie, gut zuzuhören, was ihre Kinder ihr zu sagen hatte. Sie brachte also PAPA über ihre Lippen, ohne ihm in die Augen zu schauen, mit allem Hass, den sie aufbringen konnte, und er triumphierte, er wusste, dass sie ihn hasste, dass sie ihm aber nichts anhaben konnte. Auf bestimmte Weise wusste er, dass ihr dies wehtat, und Nan fühlte in ihrem Inneren, dass er es genoss. Er liebte es, ihnen Angst zu machen und Schmerz zuzufügen. Es nährte ihn und gab ihm Kraft, und heute weiß sie auch, warum. Er war und ist heute noch ein Mensch mit sehr geringer Selbstachtung und als solcher erlebte er jeden, der Eigenständigkeit und Selbstachtung zeigte, als Drohung, weil das seine eigenen Schwächen

zu Tag brachte. Es ist viel leichter, zu Gewalt zu greifen, als an sich zu arbeiten, besonders, sich zu ändern. Er war eine Bestie, und sein Platz war in einem Käfig, und nicht in einer Familie. Im Grunde hätte man ihn bemitleiden müssen…

Ihr lieber, richtiger Vater hat eine Schwester in der Stadt, in der Nan lebt, ihre Tante. Nan hat Kontakt zu ihr und ihrer Familie, aber nicht zu oft (die Tante und der Onkel kamen nie, um ihre Kinder kennenzulernen). Der liebe Vater kam oft zu seiner Schwester, aber er fragte nie nach ihr. Sie verbrachte sieben Tage bei ihm, als seine erste Tochter mit der anderen Frau zur Welt kam. Er lebte in der Vorstadt und führte ein Café, das Amarilis hieß, an dessen Wänden große Bilder im Stil von Fresken der Disneyhelden hingen. Sie erinnerte sich an Asterix und Obelix. Später zog er in die Berge, so dass sie auch dort eine hässliche und erniedrigende Woche verbrachte. Danach hat sie ihn zwölf Jahre lang nicht gesehen. Später sagte ihr jemand, dass er bei der Tante ist. Sie ging hin, um ihn zu sehen, und traf dort auf seine Tochter, die sie voller Zynismus begrüßte, offensichtlich gut von ihrer Mutter belehrt: „Und wozu bist du so schnell hierher geflitzt, um Papa zu sehen?" Sie hätte nur noch hinzufügen müssen, weil dies wirklich unnötig sei, sie habe ihn ja das letzte Mal vor zwölf Jahren gesehen. Er war nicht da. Die Tante erzählte, dass der Großvater gestorben ist, dass er nicht sterben konnte, weil er den sehnlichen Wunsch hatte, Nan, seine Enkelin, zu sehen. Papa wusste genau, wo er sie finden konnte, aber er kam nicht, um sie zu Großvater zu bringen. Sie musste sich sehr bemühen und an sich arbeiten, um ihm das zu verzeihen, aber da sie sagt, dass der Gedanke daran nicht mehr schmerzt, muss sie ihm wohl verziehen haben. Damals erfuhr sie, dass Vaters jüngere Tochter gestorben ist. Sie sah sie, als sie bei ihm in den Bergen war. Es war ein wundervolles, sanftes und ein wenig kränkliches Mädchen. Sie lag in

Zagreb im Krankenhaus. Sie starb, und Papa hat nicht Bescheid gesagt, aber gleichzeitig hat er erwartet, dass sie zur Beerdigung kommt. Sie hatte wirklich keine Ahnung, was vor sich ging. Wie konnte sie kommen, wenn sie doch absolut nichts davon wusste?

Ihre Erinnerungen fallen ihr gerade passend ein. Sie erinnert sich an eine Episode, als sie noch eine Familie waren. Papa brachte sie in den Kindergarten, und Nan hasste es, im Kindergarten zu sein. Sie fand sich nie zurecht. Es war eine bedrohende Umgebung für sie. Als er sah, dass sie in der Ecke stand, sich mit ihrem Mantel bedeckte und nicht mit den anderen Kindern spielte (sie erinnert sich genau daran, was für ein Mantel das war, ihre Mama hatte ihn für sie genäht, kariert, besch-braun), zog er sie an, nahm sie auf seine Schultern und brachte sie zu ihrer Mama, die im Kiosk am Korso arbeitete. Mama beschwerte sich, aber sie blieben zusammen, und abends, als sie den Kiosk schloss, setzte sie Nan auf den Pult und schob den fahrenden Kiosk auf Rädern bis zum Lager im Hof eines heutigen Restaurants in der Stadt über den ganzen Korso.

Sie erinnert sich an die Situation, als sie aufhörten, eine Familie zu sein. Dunkle Nacht, es schneite, Mama und Papa stritten, Oma schrie, er warf alle Sachen von Mama, alle Kleider in den Schnee. Lange ging ihr dies nicht aus dem Kopf. Er wollte Mama ein Gurkenglas, das auf dem Tisch stand, an den Kopf werfen, aber Oma hinderte ihn irgendwie daran. Doch war er es, der ging, und sie und Mama blieben in dieser Wohnung. Sie erinnerte sich an die Farbe des Wandpapiers. Damals war es sehr modern, auf einen Teil der Wand, z.B. über dem Tisch, Deko-Papier zu kleben. Natürlich war es Mode für die ärmere Bevölkerungsschicht. Sie war oft allein in dieser Wohnung, und oft passte Mamas jüngste Schwester auf sie auf. Der Mann der Tante war Polizist, also sind sie in ein sechzig Kilometer entferntes Städtchen umgezogen. An die Besuche bei ihnen, die Geburt der Cousinen und Cousins, die bei ihnen verbrachten Tage, erinnert sie sich sehr gut. Es war schön dort. Nan war kein schlechtes oder problematisches Kind. Sie haben gerne auf sie aufgepasst, besonders, weil Mutter in dieser Hinsicht spendabel war, und nicht wollte, dass es ihr an irgendetwas fehlte. Sie erinnert sich oft an das Ereignis mit dem grünen Plastikpuppenwagen, als sie in der kleinen Wohnung zur Untermiete wohnten. Obwohl Mama und sie unter recht schwierigen Bedingungen lebten, ging sie in den Kindergarten und hatte schöne Spielsachen und Kleider. Mama lies nicht zu, dass sie sich sehr nach etwas sehnte, ohne es zu bekommen, und dass es ihr an irgendetwas fehlte. So ist es auch mit ihren Kindern heute – sie haben alles im Rahmen der Möglichkeiten, sie haben keine unerfüllten Wünsche – es ist eine gute Organisation notwendig. Heute ist das Leben unabhängig von der Politik und dem Zustand im Land doch viel leichter, als es damals für Mama war.

Natali und Mona Lisa

An ihrem Puppenwagen hatte sich der kleine Riemen gelöst, mit dem man die Puppen festschnallte. Nan kauerte sich in der Ecke neben dem Kühlschrank zusammen (sie erinnerte sich genau an die Lage der Möbel in der Wohnung) und wartete so auf ihre Mama. „Mama, wirst du mich schlagen? Es ist kaputt gegangen...". Ihre Mutter umarmte und küsste sie: „Natürlich werde ich das nicht!", sagte sie. Nan war aus irgendeinem Grund sehr erschreckt und weinte lange. Sie hatte eine große Plastikpuppe in einem üppigen, blauen Kleid, wie sie damals aus Triest getragen wurden, und sie dienten meistens dazu, schön gemachte Betten zu schmücken. Nan spielte mit ihrer. Das Kleid zerfiel schon, die Haare, die in Form eines eleganten Dutts auf dem Kopf der Puppe aufgeklebt

waren, konnten nicht gewaschen und nicht gekämmt werden, und so ganz eingewickelt in alte Tücher und Bänder sah sie schrecklich aus. Und trotzdem war ihre Natali die schönste Puppe auf der Welt. Natali verursachte bei jeder Person, die zu ihnen kam, Abneigung und Bestürzung, und Mama warf sie eines Tages in den Mülleimer. Hand aufs Herz, sie war wirklich zu nichts anderem zu gebrauchen, wovon auch ein Foto zeugt, das Mama heute noch besitzt. Ihr Weinen war unaufhörlich. Sie dachte damals, dass sie ihr lange nicht verzeihen würde. Sie bekam eine andere Puppe aus Triest, eine wunderschöne blonde. Sie erinnert sich nicht genau, wann das war – bald nach Natalis tragischem Ende oder etwas später. Mama machte einen Nähkurs und nähte hübsche Sachen für Nan. Besonders stolz war sie auf ihren grünen Anzug, Hose und Jäckchen. Sie trug ihn mit sehr viel Stolz auf dem Korso! Erwachsene sprachen sie an und fragten, wo man ihr den Anzug gekauft hatte. Sie antwortete nur stolz, dass ihre Mama ihn für sie genäht hatte. Ihre Mama war Nans ganze Welt, Mama und Papa.

Aber dann geschah im Kindergarten etwas Schreckliches – für ein Kind ihres Alters, das eine schlimme Scheidung seiner Eltern zu verschmerzen hatte, verursachte diese Erinnerung schlimmste Trauer, oft auch Tränen. Die Gefühle, die sie noch immer in ihr weckt, sind heftig, aber sie wird leicht fertig mit ihnen, weil sie sich ihrer bewusst ist und sie verarbeitet hat. Aber damals… Im Kindergarten brachten die Erzieherinnen ihnen verschiedene Lieder und Spiele bei, wie es auch heute praktiziert wird. Allerdings würde, wenn heute jemand den Kindern etwas Derartiges beibringen würde, ein erstklassiger Skandal entstehen. Die Erzieherin Josipa, immer in eine schwarze Kutte gekleidet, groß, knöchrig und von sich aus schon erschreckend, lehrte sie ein Lied, von dem Nan nur Teile in Erinnerung behalten hat: „Ein kleines Kind verlor seine Mutter... die andere Mutter sprach streng und

zählte die Bissen...". In dieser Nacht weinte sie sehr und hatte Angst, dass ihre Mama sterben könnte. „Bitte lass Mama nicht sterben." Papa ist gegangen, alle im Kindergarten wussten, dass ihre Eltern geschieden waren. Warum musst die Erzieherin dieses Lied singen?" Wen kümmert ein kleines, verschrecktes Mädchen? Was sind das für Menschen um sie herum? „Mama, bitte stirb nicht, du beschützt mich..."

Eines ihrer Fotos verbindet sie mit dieser Zeit – lange Haare, kariertes Plüschkleid... als wäre es jetzt. Sie erinnert sich sogar an den Tag, als ihre Mama sie zur Fotografin brachte. Das war eine schöne Erfahrung. Die Frau war sehr nett, und sie war wohl die erste (außer Mama), die ihr sagte, dass sie schön ist, ein wunderhübsches Mädchen. Später im Leben konnte Nan dieses Foto im Album nicht ausstehen. Immer spürte sie ein schmerzendes Stechen in der Brust, wenn jemand über Kindergartenkinder sprach. Sie konnte nicht begreifen, woher dieser Schmerz kam, und warum der Blick auf dieses Foto ihn verursachte. Und dann, zu ihrem vierzigsten Geburtstag brachte Nans älteste Tante ihr gerade dieses Foto vergrößert und eingerahmt mit. Sie dachte, sie würde vor allen anfangen zu weinen, aber im Grunde hat das Geschenk sie angenehm überrascht. Sie mochte positive Reaktionen der Familie. Alle versuchten zu erraten, welches ihrer zwei Kinder ihr mehr ähnelte. Der Schmerz blieb den ganzen Tag in Nans Brust und gab ihr mit seiner Schwere zu wissen, dass er nicht zu verschwinden beabsichtigte, dass sie sich würde bemühen müssen, um ihn loszuwerden. Sie wollte ihn nicht loswerden, sie wollte ihn kennenlernen. Abends, nachdem sie sich ihrer Freundin anvertraut hatte, und als es ihr gelungen ist, allein für sich zu bleiben, betrachtete sie das Bild gut und erlaubte, dass Gefühle hochkamen...

Auf einmal war sie im Kindergarten, in dieser verhassten Umgebung. Sie sah die große, knöchrige Er-

zieherin Josipa, ganz in Schwarz, wie sie zwischen den Kindern sitzt und singt: „Ein kleines Kind verlor seine Mutter..." Sie ließ den Tränen freien Lauf. Jetzt waren sie ein heilender Fluss, nachdem es ihr endlich gelang, sich bewusst zu werden, was und warum es wehtat, wenn sie dieses Bild anschaute. Wie tief die Verletzung war, die dieses Lied ihr zugefügt hat, und welch tiefe Verletzungen wir unseren Kindern täglich zufügen, wenn wir von ihnen verlangen, sich erwachsen zu benehmen, nichts falsch zu machen, nicht zu schreien, um Gottes Willen nichts kaputt zu machen, sich nicht schmutzig zu machen... Und dabei vergessen wir, dass wir selbst auch einmal Kind waren. Wenn sie sich heute das Bild anschaut, schaut sie es mit Zärtlichkeit an und sagt zu ihm, dass sie es gern hat, und dass es gut ist. „Es geht dir gut, Liebes. Und es geht mir gut. Ich liebe dich sehr." Sie empfindet eine besondere Zärtlichkeit beim Anblick der süßen, lächelnden kleinen Mona Lisa. Es sind keine Spuren von Schmerz mehr da, nur eine unbeschreibliche Zärtlichkeit...

Nan war immer sehr sensibel und empfindlich in Bezug auf ihre und auf fremde Probleme. Sie empfing immer sehr starke Botschaften, die ihr im Leben nützlich sein konnten. Einige kamen leider zu spät. Als sie die achte Klasse abgeschlossen hatten, sagte der liebe Pädagoge aus der Grundschule zu ihnen allen, dass die Grundschule eine Zeit ist, die sie maximal ausnutzen müssen, indem sie jedes Wissen, das ihnen geboten wird, aufsaugen. Nan war mit Ängsten, mit ihrem unsicheren Zuhause, mit der täglichen Gewalt belastet, so dass die Schule für sie im Grunde ein Zufluchtsort war, ein Ort, an dem niemand sie schlug, obwohl sie auch dort Erniedrigungen von den reichen Kindern erlebte. Erwachsene wissen, wie man Kinder schlecht behandelt, aber auch Kinder untereinander können grausam sein. Das waren keineswegs schöne Erfahrungen.

Lange Zeit hatte sie vermischte und unterbrochene Kindheitserinnerungen im Kopf. Sie sah sich als sehr kleines Kind und war sich nie sicher, bis wohin diese Erinnerungen reichten. Manchmal sah sie sogar, wie ihre Mama sie in einen hohen Kinderwagen mit großen Rädern setzte, wie sie damals hergestellt wurden. Einmal wartete Nan in der Schlange vor der Arztpraxis und erblickte eine Frau, die sie sofort erkannte. Es war eine ältere Dame, die Nachbarin der Untermieterwohnung, in der Papa Mamas Sachen und Kleidung in den Schnee geworfen hatte. Sie stellte sich ihr vor und frage sie, ob sie sich an sie und die schlimme Winternacht erinnere. Die Frau war sehr schockiert darüber, dass sie sich an sie erinnerte. Sie sagte: „Kind, du warst nicht älter als drei Jahre." Demzufolge war sie, als sie noch eine Familie waren, sogar noch jünger, und dies bestätigte ihr, dass ihre Erinnerungen wirklich weit zurück reichten.

Kurzgeschichte über Sue

Nans Geschichte ist natürlich weit von der schlimmsten Geschichte entfernt, die einem Kind zustoßen kann. Sie hatte wirklich noch Glück. Gott hatte sie vor sexueller Misshandlung geschützt, obwohl es ihr einmal nur gerade so gelungen ist, vor dem betrunkenen Stiefvater zu flüchten – er hatte sie mit Gewalt auf den Mund geküsst, aber es gelang ihr abzuhauen. Sie hatte nie einen größeren emotionalen Schaden erlitten. Einige Verletzungen in diesem Teil erlitt sie allerdings. Es war schwer, beängstigend, kalt, und das Gefühl der Einsamkeit war unglaublich. Sie hatte niemanden, dem sie vertrauen konnte. In ihrem Kopf waren sogar die Lehrerinnen und Lehrer potentielle Täter und wollten ihr Böses. Eigentlich fühlte sie sich nirgendwo gut.

Sie hatte eine Freundin. Eine einzige, die beste auf der Welt. Sie hieß Sue, und auch heute heißt sie noch

so. Sie saßen die gesamte Grundschule und zwei Klassen der Mittelschule hindurch zusammen. Sie teilten alles – richtige Freundinnen. Am liebsten kauften sie in der Pause zum „Frühstück" ein halbes Maisbrot und Pastete. Sie brachen Brotstücke ab und tunkten sie in die Pastete. Nan kann sich nicht daran erinnern, dass ihr die Pastete später jemals so gut schmeckte. Genauso wie die Nudeln mit Frischkäse aus der Schulküche. Es gab keine Chance, dass sie diesen Genuss jemals wiedererleben würde. Als sie einmal zur Informationsstunde in die Schule kam, sagte sie zur Köchin, sie solle sie anrufen, wenn es Nudeln mit Frischkäse zu Mittag gab.

Auch ihre liebe Sue hätte viel über ihre Kindheit erzählen können. Sie ist die jüngste von drei Schwestern. Ihre Mutter ertrug ebenfalls unvorstellbare Gewalt von ihrem Ehemann. Sie war schwanger und trug Zwillinge, und er schlug sie, als sie hoch schwanger war, besonders in den Bauch, und natürlich erlitt sie eine Fehlgeburt... Sue lebte, wie auch Nan, nur mit ihrer Mutter zusammen. Ihren Vater kannte sie fast gar nicht. Die liebe Tante B. Nan kannte sie sehr gut. Sie war oft bei ihrer Freundin. Sie lebten in einem Raum. Der kleine Eingang diente auch als Mini-Küche, und das größere Zimmer war Schlaf- und Wohnzimmer in einem. Sues Mutter ging kaum raus. Sue erledigte regelmäßig den Einkauf und die Hausarbeiten. Ihre Mutter war immer kränklich, nie wirklich gesund. Sie rauchte viel und das schwere Leben zeichnete sich in jeder Pore ihres bleichen und für Nan doch so schönen Gesichts ab. Nan fand Sues Mutter wie auch ihre eigene schon immer schön. Das Leben brachte Sue sehr weit weg. Ihre Mutter nahm sie mit zur anderen Schwester ans Meer. Tante B. ist einfach nur verwelkt, wie ein aus seiner natürlichen Umgebung herausgerissener Baum. Sue beerdigte sie gemäß ihrem Wunsch auf dem Stadtfriedhof von Bjelovar. Seitdem ist Nan nie auf dem Friedhof gewesen, ohne Sues Mutter eine Kerze an-

zuzünden. Sie war eine harte, aber liebe Frau, die ihr Leid getragen hat. Nan war auch Sues Schwester M. dankbar, die bei einem örtlichen Radiosender arbeitete. Als Nan den Salon eröffnete, brauchte sie unbedingt Werbung, und damals war Werbung im Radio ziemlich teuer, ist es übrigens auch heute. Nan konnte sich nicht viel von diesem Luxus gönnen. Da half M. Sie ermöglichte, dass Nan mal in Raten zahlte, dann gab es etwas gratis, und so weiter... Heute wäre dies unmöglich.

So waren die Schultage eine relativ angenehmere Erfahrung für Nan, weil sie eine richtige Freundin hatte, mit der sie alles teilen konnte. Ihr Leben war im Grunde ähnlich. Sue ließ sich nach zehn Jahren Ehe ohne Kinder scheiden und zog ans Meer. Seitdem sind fünfzehn Jahre vergangen, in denen sie sich nur einmal gesehen und so richtig ausgesprochen haben. Aber es ist, als wären sie jeden Tag zusammen. Die Zeit hat keine Spuren auf ihrem Verhältnis hinterlassen. Nan dachte, dass Sue in all diesen Jahren nie aufgehört hat, ihr zu fehlen, obwohl sie auch jetzt sehr gute Freundinnen hat. Sie hören sich nur selten, aber dann stundenlang. Sue ist eine von Nans wenigen schönen Erinnerungen.

Was das Leben zu Hause angeht, liebten es Nans Tanten nicht besonders, zu ihnen zu kommen, weil sie den Stiefvater nicht mochten. Sie wussten ungefähr, wie Mama lebte, und es war toll, als sie sie alleine besuchen konnten. Ab und zu kamen sie trotzdem. Nan war sehr glücklich darüber, denn der Stiefvater war sehr höflich ihnen gegenüber, wenn Besuch da war. Er war sehr witzig, ein Gentlemen, niemand hatte etwas zu beanstanden. So war er auch, als einmal eine Freundin von Nan zum Lernen kam. Das war das erste und letzte Mal, dass jemand aus der Schule ins Haus kam. Niemand durfte kommen, und Nan durfte nirgendwohin gehen. Er kam lächelnd ins Zimmer, brachte ihnen Säfte und Kompott in Glasschälchen. Fast musste sie sich übergeben vor

Übelkeit, als ihre Freundin sagte, dass er spitze sei. „Ja, frag mich Morgen mal!", sagte Nan.

Aus dieser frühen Zeit stammt die besondere Beziehung zwischen Nan und ihrer jüngeren Cousine. Sie mochte sie immer sehr, genauso wie ihren Bruder, und war immer glücklich, als sie kamen. Das gilt auch für Nans ältere Tante, die sie im Anflug der Zärtlichkeit immer so sehr an sich drückte, dass ihr der Atem weg blieb. Sie lachten immer darüber. Mit dem Cousin und der Cousine hat sie ein Verhältnis voller Vertrauen und Zuverlässigkeit. Sie können immer aufeinander zählen, egal, was passiert. Selbst wenn es um Geld geht. Sie helfen sich oft gegenseitig ohne einen Funken von Misstrauen, was in der heutigen Zeit ein wirklich besonderer Umstand ist.

Nan könnte viel schlimmere Geschichten erzählen. Gott möchte wohl, dass sie durch die Straße läuft und Dinge bemerkt. Sie bemerkt, dass überall, in der Nachbarschaft, im Haus nebenan, auf der anderen Straßenseite oder hinter dem Regal im Supermarkt irgendeine Form der Kindesmisshandlung in Gang ist. Sie wird jetzt die gut bekannten, globalen Probleme, wie Kindsraub, Entführung aus unterschiedlichen, abscheulichen Gründen, die Verstümmelung der Mädchen in Afrika, den Verkauf für Organe, Prostitution und alle Gräuel, die die menschliche Rasse sich selbst oder die Menschen einander antun, nicht aufzählen. Für den Anfang muss man nicht weit gehen. Man muss z.B. ins Einkaufszentrum gehen, und was wird man dort sehen...

Zwischen den Regalen

Normalerweise würde Nan die ältere Frau als Dame bezeichnen, aber sie werden verstehen, warum das in diesem Fall nicht angemessen ist. Eine solche Person hat das kleine Kind in den Kinderwagen gesetzt, es

zwischen den Regalen weggeschoben und begonnen, es zu hauen. Es gibt keinen Grund für das Schlagen eines Kindes, besonders dann, wenn es keinen sichtbaren Grund gibt, der eine solche Reaktion verursacht hätte. Offensichtlich bereits an eine solche Behandlung gewöhnt, hob das kleine Kind nur seine Händchen und schützte seinen Kopf. Nan konnte nicht sehen, ob es ein Mädchen oder ein Junge war. Ein fünfjähriges Kind, nicht älter. Sie konnte und wollte nicht so tun, als ob sie es nicht sieht. Sie trat absichtlich näher und schaut so lange hin, bis die Verrückte es bemerkte. Als sie begriff, dass sie entdeckt worden war, schaut sie Nan wütend an. Nan sagte laut und deutlich: „Hör auf, du Gewalttäterin!". Sie schob den Kinderwagen in Richtung Kasse, und Nan spürte im ganzen Körper diese bekannte, ohnmächtige Wut wie in den Zeiten, als sie oft Schläge bekam. Sie begann zu zittern, ihr Herz schlug heftig, sie war Schweiß gebadet und Tränen flossen ihr übers Gesicht, und das alles in drei Sekunden. Es tat ihr nur leid, dass sie sie nicht beschimpft und mit dem Jugendamt gedroht hatte. Ja, das hätte sie tun sollen. Aber der Schock nach diesem Anblick erlaubte ihr nicht, entsprechend den Umständen zu reagieren. Das wird sie nie vergessen. Eine Mutter hat ihr Kind zum Aufpassen übergeben, vielleicht an die eigene Mutter, und hat keine Ahnung, was ihr Kind durchmacht. Wenn sie es doch bloß fragen würde! Wenn wir bloß alle unsere Kinder fragen würden. Wenn wir uns wenigstens einmal im Monat die Zeit nehmen würden, sie zu fragen: „Geht es dir gut? Bist du glücklich? Bist du zufrieden mit deiner Kindheit?" Wie oft haben sie ihrem Kind gesagt, dass sie es lieben, und dass es für sie das Wichtigste auf der Welt ist? Ich weiß, dass viele denken werden, dass das nicht notwendig ist, dass sich das versteht, das Kind weiß das, ich kaufe ihm alles... Das, meine Lieben, ist die größte Dummheit. Für Kinder ist ihre Manifestation der Nähe, Liebe, Fürsorge und des Vertrauens lebensnot-

wendig. Das ist genauso wichtig wie auch die Luft, die sie atmen. Wenn sie ein Kind in den Schoß nehmen und es fragen: „Wie geht es dir? Gibt es etwas, was du mir sagen möchtest? Du weißt, dass es in meinem Leben niemanden gibt, der wichtiger ist als du, und deshalb interessiert mich, ob es dir gut geht." Es ist schön, einem Kind ein Handy und einen Computer zu kaufen. Letztlich sind das ja Bedürfnisse des modernen Lebens, aber nichts davon kann die Liebe, die Zärtlichkeit und das Vertrauen ersetzen, das durch ehrliche Gespräche und gemeinsame Zeit, die man miteinander verbringt, entsteht. Die Schlüsselfrage ist: „SCHLÄGT DICH JEMAND? SCHREIT JEMAND DICH AN, WENN ICH NICHT DA BIN? MISSHANDELT DICH JEMAND?" Nan fragt ihre Kinder das oft. Sehr oft. So oft, dass sie sagen, sie würde nerven. Aber sollen sie nur. Sollen sie denken, dass sie nervt. Niemand misshandelt ihre Kinder. Niemand.

Die Dinge waren im Grunde sehr kompliziert. Es ist sehr schwer, eine gute und normale Mutter oder ein guter und normaler Vater zu sein, wenn sie den schwierigeren Weg wählen – dass sie ihre Kinder nicht schlagen wollen. Es gibt keine körperliche Bestrafung. Eigentlich ist es am einfachsten, das Kind zu verhauen, und dann ist Ruhe. Nan hört die Leute oft reden. „Ich ohrfeige ihn ein paar Mal, und dann ist er eine Woche lang brav wie ein Baby", hört sie die Geschichte. Im gleichen Moment kommt bei ihr das Gefühl hoch, dass sie sich übergeben muss. Der Magen dreht sich ihr um von solchen Aussagen. Das Extremste, was Nan getan hat, ist, das Kind am Ohr oder ein wenig an den Haaren zu ziehen, weil sie das Gefühl kennt, wenn dir jemand ein Büschel Haare herausreißt... Es sind auch ein paar Ohrfeigen gefallen, so welche mit zwei Fingern, aber nur als Rechtsbelehrung für ihren Sohn, als er auf viel grausamere Weise seine Schwester angefallen hat. Auf irgendeine Weise muss er merken, dass es weh tut. Wie soll sie ihm zeigen, dass

Schläge körperlich und seelisch weh tun, wenn sie es ihm nicht anstelle seiner Schwester ein wenig zurück gibt, die kleiner und jünger ist und sich nicht selbst verteidigen kann? Es ist mehr eine visuelle Gefühlsschule, eine Ohrfeige mit zwei Fingern ist nichts, womit man jemanden verletzen kann, aber man kann beweisen, dass Schläge zwei Enden haben. Bei alledem hat Nan sich nie vorgetäuscht, dass sie das Richtige tut, oder dass sie eine hervorragende Mutter ist. Sie tut das, was sie in dem Moment für richtig hält und achtet immer darauf, keinen Schaden anzurichten. Wenn sie zu viel Wut spürt, dann macht sie einige Atemzüge und beruft sich auf Gott. Ihre Gebete enthalten neben dem Teil für die Gesundheit der ganzen Familie normalerweise auch einen Teil für die Geduld. „Lieber Gott, bitte gib mir viel Geduld, so viel, wie du glaubst, dass ich brauche, und dann noch dreimal so viel." Ihr Sohn ist heute ein Teenager. Die Konflikte mit seiner Schwester gehören der Vergangenheit an. Im Heute hilft er ihr sogar in dem, was ihm am meisten liegt – Mathematik. Endlich verbringen wir das Sonntagsessen in Ruhe, ohne ihre Sticheleien. Eine Phase ist zu Ende gegangen. Nan ist zu dem Schluss gekommen, dass sie zusammen mit ihren Kindern wächst, zusammen mit all ihren Phasen, mit all ihren kindlichen Tricks...

Bruder

Nans Stiefvater brachte seinen Sohn aus erster Ehe mit. Er war ein Jahr älter als sie. Seine Mutter hatte einen anderen geheiratet, andere Kinder zur Welt gebracht, und den Jungen ließ sie bei ihren alten Eltern zurück. Sie holten ihn an einem Sonntag in einem kleinen Ort in Međimurje. Sie passierten eine etwas größere Stadt, und damals hörte Nan das erste Mal von einer Folklore-Parade und sah das große Gedränge aus dem Auto. Es ist ihnen gerade so gelungen, durchzukommen. Nan akzep-

tierte den unbekannten Jungen und lernte, ihn lieb zu haben, obwohl er häufig böse und grob war. Sie nannte ihn Bruder und nennt ihn auch heute noch so, und sie empfindet Geschwisterliebe ihm gegenüber. Er war ein etwas wildes Kind, das an eine ländliche Gegend und ein freies Leben gewohnt war und sich plötzlich in den Ketten des Stadtlebens und unter der unangreifbaren Willkür des grausamen Vaters wiederfand. Es wäre viel besser für ihn gewesen, wenn er bei seinen Großeltern geblieben wäre. Er hätte viel Übel, Misshandlung, schlechte Gesellschaft, kriminelles Verhalten, eine Polizeiakte und den Gefängnisaufenthalt vermieden, und das alles dank seines Vaters, der ihn ohne Pardon noch als Minderjährigen aus dem Haus warf. Niemand dachte daran, ihn deshalb zur Verantwortung zu ziehen. Ihr Bruder war von Natur aus gut, aber der Mangel an väterlichem Verständnis (Mama tat, was sie konnte, aber sie konnte die Gewalt nicht verhindern, weil sie selbst Prügel bekam) und das ständige Leben in Angst vor Schlägen führten zu allen hässlichen und traurigen Ereignissen. Die Zeit der Anpassung war sehr schwer für Nan, die immer alleine war, aber nie egoistisch – er war es, der Nan Süßigkeiten stahl, und manchmal schlug oder bespuckte er sie. Sie hatte es nicht leicht. Dennoch überwog das innere Bedürfnis, einen Bruder zu haben, und sie liebte ihn immer auf irgendeine Weise. Sie log auch oft für ihn, damit er keine Prügel bekam. Später verband das gemeinsame Leid sie gegen den gemeinsamen Gewalttäter, seinen eigenen Vater. Nans Bruder erlitt einen großen emotionalen Schaden, und, obwohl sie heute nicht viel Kontakt haben, weil er ungefähr vierhundert Kilometer von ihr entfernt lebt, liebt sie ihn sehr und denkt oft an ihn. Er hat geheiratet und hat wundervolle Kinder. Sein Sohn ist ein Junger Sensibler, genauso wie Nan es war (und geblieben ist), als ob sie seine wahre Tante ist.

Nan könnte ein Buch über alles schreiben, aber sie

wird versuchen, nur einige wichtige Teile zu beschreiben und darzustellen. Vor allem ist es wichtig, zu betonen, dass sich alles in der kommunistischen Zeit abspielt, zu Zeiten der blauen Kutten in den Schulen. Ihr Stiefvater war Parteimitglied, Jäger, und im Haus hatte er ein Gewehr. Während sie dies sagt, wird ihr immer klarer, dass Mama und sie Glück hatten, denn am Ende der Geschichte werden sie sehen, dass der Gewalttäter letztlich auch zum Mörder geworden ist. Zwar aus Fahrlässigkeit, aber dennoch... ein toter Mensch ist ein toter Mensch. Und es musste nicht dazu kommen.

Einige zufällige Beispiele für sein Ergötzen an kindlicher Angst und kindlichem Schmerz. Er kaufte meinem Bruder orangefarbene Schuhe und eine grüne Hose, und der Junge musste dies in seiner Pubertät in die Schule tragen. In einer Zeit, in der Jeans absolut alles waren, was sich ein junger Mensch wünschte, und diese nicht unzugänglich waren, kann man sich die Erniedrigungen, die er in seiner Klasse erlebte, kaum vorstellen. Er versuchte, sich zu widersetzen. Er stritt mit seinem Vater, sagte, dass er die Hose nicht tragen würde, und fragte ihn, warum er ihm die gleichen Schuhe nicht in braun anstatt orange gekauft habe. Die Pointe lag darin, dass er sie vorgeblich zum Einkaufen mitnahm und sie nach ihren Wünschen frage, und am Ende kaufte er das, was er wollte.

Einmal gingen sie los, um eine Hose für Nan zu kaufen, aber er kaufte ihr ein Kleid, weil er wusste, dass sie Kleider hasste (damals hasste sie sie, sie wollte natürliche eine Jeans, wegen der Jeans sind sie ja einkaufen gegangen), und sie hat es nie angezogen. Ihr Bruder hat sich mit seinem Widerstand nur Ohrfeigen eingeholt.
In ihrem Haus gab es einige Erziehungsmethoden. „Egal, was alle ausgebildeten Erzieher wissen, sie müssen meinen Stiefvater fragen", dachte sie, ha ha...

Alle Schulbücher mussten in blaues Packpaper einge-

bunden sein. Von den schönen und modernen Plastikein-
bänden, wie alle anderen in der Klasse sie hatten, konnten
sie nur träumen. Sie mussten sich immer in etwas unter-
scheiden und Gegenstand des Gespötts sein. Alle Blätter
im Heft wurden gezählt, und die Anzahl wurde auf der
letzten Seite aufgeschrieben, z.B. 60. Nach einiger Zeit
zählte er die Blätter. Wie viele Blätter fehlten – so viel
Prügel würden sie bekommen. Blätter, die man eventuell zum Schreiben von Klassenarbeiten brauchte, waren
keine Rechtfertigung. Einen neuen Bleistift konnten sie
nur bekommen, wenn sie zeigten, dass der alte bis zum
Ende verbraucht war, genauso wie der Radiergummi und
der Spitzer, wenn er stumpf geworden war. Um Gottes
Willen durften sie nichts verlieren, verlegen, sich stehlen
lassen. Um Gottes Willen durften sie sich nicht benehmen
men wie das, was sie waren – wie Kinder. Natürlich hat
nichts sie vor den Folgen – den Schlägen – geschützt.
Wenn sie etwas auf das Packpapier gekritzelt hatten, oder
jemand von ihren Freunden das getan hatte – wie viele
Striche, so viel Prügel. Er studierte sorgfältig jeden Punkt
auf dem groben Papier, um so viele Gründe wie möglich
zu finden, um sie zu verprügeln. Sie bekamen Prügel mit
einem dicken Ledergürtel, und um die Erniedrigung noch
schlimmer zu machen, mussten sie Hose und Unterhose
ausziehen. Er schlug ihre kleinen, schwachen Körper mit
aller Kraft. Die blauen Flecken bleiben tage-, wochen-
lang. Die Wunden auf der Seele sind nie verheilt.

Das ist der erste Teil der diktierten Aufzeichnung,
bei dem Nan weint, weil die Emotionen noch immer
sehr aufgewühlt und verletzt sind. So etwas vergisst man
nicht, niemals. NIEMALS und niemals. Wenn er den
Schrank öffnete und nur ein falsch zusammengelegtes
T-Shirt erblickte, passierte es, dass sie ihre gesamte Kleidung auf dem Boden wiederfand, und natürlich bekam
sie eine Belohnung. Wenn sie ihr Kind auf diese oder
eine ähnliche Weise erziehen, dann hören sie damit auf.

Hören sie damit auf, weil es nie zu spät ist, um zu bereuen, sich zu entschuldigen, sich zu ändern und zu versuchen die Dinge besser zu machen. Wenn sie es wie Nans Stiefvater machen, dann machen sie einen großen Fehler, einen noch größeren, wenn es nicht ihr Kind ist. Nan war nicht sein Kind. Aber ihr Bruder war sein Kind. Er hielt es nicht aus. Einmal ist er nicht von der Schule nach Hause gekommen. Sie waren schon Mittelschüler, wahrscheinlich erste Klasse. Ihr Stiefvater drohte ihr mit ihrem Leben, sie dürfe ihn nicht ins Haus lassen und ihm nichts zu essen geben, wenn er käme. Er kam. Der arme hatte Hunger, und sie sagte ihm, dass er nicht bleiben dürfe, und dass der Irre sie beide umbringen würde. Sie machte ihm ein Sandwich und reichte es ihm durchs Fenster. An diesem Tag aß sie nichts, damit er keinen Verdacht schöpfen würde, warum sie so viel Brot an diesem Tag gegessen hat... Aus dem Kühlschrank durften sie nichts nehmen, ohne zu fragen, aber nur, wenn Mama nicht da war. Sie könnten sich fragen, wo Nans Mutter die ganze Zeit war. Sie arbeitete den ganzen Tag lang, und von achtzig Prozent aller Ereignisse wusste sie gar nicht. Alles spielte sich ab, als sie nicht zu Hause war. Sie fragte nie, ob Nan ihr etwas zu sagen hat, also erzählte das Mädchen nichts. Und als es grässliche Situationen in ihrer Anwesenheit gab, wurde auch sie nicht verschont. Nan erinnert sich daran, dass Mama versuchte, ein paar Dinar für die Kinder zu sparen. Sie schnitt das Seidenfutter am Boden ihrer Handtasche auf und steckte dort einige Geldscheine hinein, aber der Stiefvater entdeckte alles. Mama besaß ein gemietetes gastgewerbliches Objekt. In der Zeit des Kommunismus schaute man kein bisschen wohlwollend auf Privatunternehmer. Man hielt sie für Kapitalisten und glaubte, sie würden auf dem Geld schlafen. Deshalb kam bei ihr dauernd die Aufsicht. Sie arbeitete Tag für Tag von morgens bis abends, und Nan erinnerte sich gar nicht daran, wie oft sie sie in dieser Zeit

überhaupt zu sehen bekam.

Mein kleiner Bruder fand Zuflucht bei den städtischen Clochards, aber er hatte Hunger, und deshalb ist er in einen Laden eingebrochen. Er wurde gefasst und endete in einer Besserungsanstalt für Jugendliche. Das war erst sein erstes Mal. Er war auch im Gefängnis. Sie erinnerte sich, dass sie ihm bei einer Gelegenheit ein Paket geschickt hatte, mit dem er nicht gerade zufrieden war. Das tat ihr leid, ebenso wie die Tatsache, dass sie das, was er sich wünschte, nicht hatte – Geld. Und trotzdem gelang es ihm, die Mittelschule abzuschließen, und als Mama endlich beschloss, dieser Hölle zu entfliehen, ist auch er verschwunden. Er kämpfte im Heimatkrieg, ging ans Meer heiratete. Bis vor kurzem war er Untermieter. Er ist fleißig, genauso wie seine Ehefrau. Sie kümmern sich um ihre Kinder, wie Nan sich um ihre kümmert. Einmal war Nan mit ihren Kindern und ihrem Ehemann bei ihnen. Die Kinder haben sich kennengelernt, sie sind mit ihrem Boot gefahren. Es war wunderschön. Anschließend brach der Kontakt ab. Es kam zu einem Missverständnis. Nan erinnert sich eigentlich nicht daran, worum genau es ging. Danach hat sich vor einigen Monaten seine Frau gemeldet, und sie fand es wirklich gut, dass sie doch Kontakt haben. Nan wünschte dieser Familie immer allen Segen dieser Welt. Sie haben schwere Momente durchlebt und könnten ein Buch über ihr Leben in voller Armut und in Elend, in schwerer Arbeit und in der Gemeinschaft und endlich über ein Leben im eigenen Heim schreiben. Die Nacht, in der Nan bei ihm war, schliefen sie überhaupt nicht, sondern sprachen laut über ihre „wunderbare" Kindheit. Sie saßen umarmt beieinander, und seine Frau saß gegenüber, hörte sich alles an, und hier und da liefen ihr Tränen über das Gesicht. Sie sagte kein Wort, und doch sagte sie alles. „Gott beschützte dich, Bruder, dich und deine Familie. Ich liebe dich immer noch sehr. Wir haben viel durchgemacht zusammen. Ich werde es nie

vergessen, selbst wenn ich tausend Leben leben sollte", dachte Nan und fühlte, wie der Schlaf ihre Augenlider schwer machte.

Dorfidylle

Ihr Tag begann sehr früh. Da sie auf dem Land lebten, hatten sie viele Tiere. Einmal blieben sie und ihr Bruder die ganze Nacht wach, als die Sau Ferkel werfen sollte. Sie fütterten die Hühner, Enten, Puten, gaben ihnen frisches Wasser, fütterten die Lämmer mit der Flasche, gaben den Hunden Futter, wuschen sich und zogen sich um, und dann rannten sie zum Bus, der sie in die fünf Kilometer entfernte Stadt zur Schule brachte. Als sie wieder mit dem Bus nach Hause kamen, mussten sie zuerst die Tiere füttern und alles machen, was sie auch morgens getan hatten, und erst dann aßen sie zu Mittag. Und all das zusammen wäre wunderschön gewesen. Es lehrte sie, was Verantwortung, Liebe, Priorität ist. Sie empfanden nichts als schwer. Es war eine Schule fürs Leben, die ihr Verhältnis zur Arbeit, den Wert der Arbeit geprägt und ihnen viel Positives gebracht hat, wenn da nicht dieses ABER gewesen wäre... Aber so sehr sie sich bemühten und alles so taten, wie es ihnen gesagt wurde, bekamen sie nie etwas ähnliches wie Lob, um Gottes Willen bloß kein schönes Wort oder eine Art der Ermutigung, dass sie es gut gemacht hatten. Er suchte immer nur nach einem Grund, um sich gut auszubrüllen oder, noch besser, um sie zu durchzuprügeln. Deshalb machten sie alles unter Druck und unter enormer Angst, sie machten Fehler, und Fehler durfte es nicht geben. Sie genossen nichts, sie hatten immer nur Angst, fragten einander, ob sie alles erledigt hatten, um bloß nichts zu vergessen. Sie lebten vom Moment des Aufwachens bis zum Schlafengehen in Angst. Aber das war keine Garantie dafür, dass sie Ruhe haben würden, so lange er nicht eingeschlafen war. Nan

erinnert sich nicht daran, dass sie jemals Geschenke unter dem Weihnachtsbaum bekamen. Er war Parteimitglied und gegen das Christbaumschmücken überhaupt. Aber mit Mama schmückten sie den Baum immer, egal, wie sehr sie Angst hatten.

Nans Oma, Mamas Mutter, lebte zusammen mit ihnen. Sie war krank und alt. In den letzten Lebensmonaten nahm sie sehr stark ab. Sie sprach mit niemandem viel, murmelte nur etwas in sich hinein. Aber Nan wusste, dass es kein Murmeln war – sie betete. Sie war siebzig, als sie starb. Sie hatte ein schweres Bauerleben in den steinigen Bergen durchlebt. Sie war mehr hungrig als satt gewesen, hatte zwei Kriege erlebt, einen Schuss in die Brust aus der Schrotflinte überlebt, dessen Folge im hohen Alter eine Lungenkrankheit war, an der sie starb. Sie überlebte auch den Tod ihre Ehemanns und einiger Kinder. In den alten Tagen erlebte sie täglich die Ausfälle eines verrückten, psychopathischen und mental gestörten Schwiegersohns, anstatt Sicherheit und Liebe zu genießen, der bis dahin bereits zweimal erfolglos seine Alkoholabhängigkeit behandelt hatte. Er schrie sie so sehr an und ließ seine Wut an ihr aus, dass die arme Alte über den fast eineinhalb Meter hohen Drahtzaun sprang und in Angst flüchtete. Er ließ sie zur Hauptstraße laufen, auf der sie umherirrte auf dem Weg zur anderen Tochter, wie sie sagte – zu Nans Tante, die ungefähr drei Kilometer entfernt von ihnen lebte. Wenn sie aus dieser Perspektive über das Ereignis nachdenkt, dann wird ihr deutlich, dass er im Grunde wollte, dass Oma von einem Auto angefahren wird, und dass Mama dafür haften sollte, weil sie Omas Vormund war. So hätte er alles schön zu seinen Gunsten gedreht, damit er das Haus, das er nie ohne Mama gebaut hätte, für sich allein bekäme. Er wollte sie auf die Straße werfen. Als ihm dies nicht gelang, betrug er Mama mit einer Kollegin von der Arbeit (Mama erwischte sie in flagranti). Er verließ das Haus. Endlich. Mama ging es nicht

wirklich gut, wahrscheinlich wegen der Art, auf die es passiert ist. Aber Nan war überglücklich. Sie durfte fernsehen, so lange sie wollte. Sie durfte raus gehen. Sie durfte zu ihrer Freundin gehen, und ihre Freundin durfte sie besuchen, und sie durfte bei ihr übernachten… alles ganz normale Dinge. Der Vogel konnte endlich, nach vielen Jahren, den Käfig verlassen. Das Gefühl der Freiheit war unglaublich.

Alles Schöne ist von kurzer Dauer. Sie versöhnten sich wieder, und Nan ging es sehr schlecht. In der Zwischenzeit ist sie erwachsen geworden, und er ängstigte sie nicht mehr. Jetzt traute sie sich alles. In dieser Zeit errang sie ihre ersten Ziele gegen ihn. Das machte ihn so wütend, dass er verrückt wurde. Aber er konnte nichts dagegen tun. Damals geschah diese berühmte Drohung mit der aufgeschlitzten Tasche von einem Ohr bis zum anderen. Bald würde unsere Nan nicht nur den Kampf, sondern den langjährigen Krieg gewinnen. Wieder einmal griff er sie an, aber er hatte das Schienbein im Gips, und sie drehte ihm einfach den Rücken zu und ging zum Bus und in die Stadt. Sie übernachtete bei einer Freundin, und Mama holte sie am nächsten Tag. Sie war sehr besorgt, weil sie sich nicht gemeldet hatte. Sie kamen nach Hause und die Situation kulminierte ein paar Tage später. Er betrank sich (in der Zwischenzeit hatte er den Gips abgekommen). Nan flüchtete in ihr Zimmer. Mama war draußen. *Von draußen schrie Mama hinter seinem Rücken, sie solle sich im Zimmer einschließen. Er schubste sie vom Fenster weg und hob einen schweren Blumenbehälter, um ihn auf Nan zu werfen.* In diesem Moment begann Nan, das Fenster zu schließen. Er kam ins Haus hereingerannt und begann, die Zimmertür von Nans Zimmer kaputt zu schlagen. Nan kletterte schnell durch das Fenster, im letzten Moment. Mama wartete draußen, um ihr zu helfen. Sie verlor einen Hausschuh. Beide flohen, von seinem wütenden Gebrüll verfolgt, zur Nachbarin.

Diese konnte sie nirgends unterbringen, weshalb sie die Nacht im Stall, im Heu, verbrachten. Dort gab es keine Tiere. Mama ging morgens, nachdem er zur Arbeit gegangen war, ins Haus, um einige wesentliche Sachen zu holen, das Auto, und sie fuhren in die Stadt. Sie fanden eine Mietwohnung und gingen dieses Mal für immer, weil sie schon einige Male gegangen waren, aber immer überredete er sie mit seinen schönen Versprechungen, dass er sich einkriegen würde. Nan denkt, dass die Ursache auch darin liegt, dass wir Frauen unserer Ehe, unseren Kindern, unserem Mann immer viele Chancen geben…

Endlich waren sie weg. Er war nicht lange allein. Bald fand er eine junge Frau in Nans Alter, jünger als sein eigener Sohn, die ihn heiratete und ihm zwei Kinder gebar, die Nan nie gesehen hat. Aber sie hörte, dass es einem von ihnen sehr schlecht ging. Seine Ehefrau sieht trotz des gleichen Alters wie Nan aus, als wäre sie älter als er. Sie ist dünn und hat keine Zähne. Nur sie allein weiß, welche Hölle sie mit ihm durchgemacht hat.

Königskobras

Wenn sie über ihn nachdenkt, fällt Nan oft das Wort Tier ein. Sie glaubt, dass das in den meisten Fällen nicht gerade gerecht ist. Sie möchte an dieser Stelle wirklich eine Parallele zu Tieren ziehen. Neulich sah sie bei BBC einen phantastischen Dokumentarfilm über das Leben der Königskobras. Die Männchen kämpfen um das Territorium und die Zuneigung der Weibchen, indem sie sich umeinander wickeln und ringen und sich an eine ungeschriebene Regel halten – derjenige, der den anderen öfter auf den Boden wirft, ist der Gewinner. Der Besiegte zieht ab. Im Eifer des Kampfes fällt es ihnen nicht in einem einzigen Augenblick ein, gegeneinander ihr tödliches Gift einzusetzen, obwohl sie sich sehr wohl bewusst

sind, dass sie es besitzen. Es fällt ihnen nicht ein, sich gegenseitig zu vernichten. Der Besiegte erkennt an, dass er verloren hat, und zieht davon auf der Suche nach einer günstigeren Gelegenheit. Denken wir jetzt über Folgendes nach, eine vollkommen echte Situation, die sich in unserer Stadt ereignet hat – ein Mann hat einen anderen, ohne Nachzudenken, auf der Stelle getötet, und das wegen einer Parklücke. „Ich möchte die Tiere nicht mehr beleidigen", denkt Nan.

Ihr Stiefvater ist ein Dämon. Sie muss und möchte betonen – als diese junge Frau ihren Stiefvater heiraten sollte, waren Mama und sie schon lange weg. Sie arbeiteten beide. Aber die Situation mit dem gemeinsamen Vermögen, das gemeinsam erworbene Haus, war ungelöst. Nan beschloss damals, die junge Dame zum Kaffee einzuladen und ihr etwas von ihm zu erzählen – so, wie sie ihn erlebt hatte, was für ein Mensch und Vater für seinen Sohn er war. Die junge Frau sagte, sie würde ihn lieben. Heute kann Nan nicht anders darüber denken, als dass sie das neue Haus geheiratet hatte, in der Hoffnung, zusammen mit ihm Mama über das Ohr zu hauen, damit sie ihren mehr als verdienten Teil nicht bekäme. Diese Denkweise wird unterstrichen von der Tatsache, dass sie sich einen Anwalt nahmen, der in der damaligen kommunistischen Zeit bekannt für solche Fälle war und die Prozesse für jeden seiner Klienten gewann, egal, ob es laut Gesetz in Ordnung war oder nicht. Allein schon sein Name garantierte, dass sie den Prozess gewinnen würden. Fast war es auch so, aber, wie durch ein Wunder, gelang es Mama dennoch, einen Teil des Werts zu bekommen. Weitaus weniger, als sie investiert hatte. Die Eltern seiner neuesten Ehefrau (der vierten in Folge) mussten irgendein Grundstück verkaufen, um sie auszuzahlen zu können. Nan dachte, dass sie es überhaupt nicht für doof hielt, sich auf Mutters Seite zu stellen, auch wenn es vielleicht sehr subjektiv klingt. Sie war Zeuge vieler Schwierig-

keiten. Ihre Mutter bekam von der früheren Firma eine hübsche Wohnung, in der beide jahrelang leben konnten. Aber als das Leben einen anderen Weg ging und sie sich ein ruhigeres Leben neben diesem Mann erhoffte, gab sie die Wohnung an die Firma zurück und beantragte einen Immobilienkredit anstelle der Wohnung, einen Kredit, den sie natürlich zurückzahlen musste. Sie begannen, ein Haus auf seinem Grundstück zu bauen, so dass nichts auf ihren Namen lautete. Am Ende bekam sie noch nicht einmal den vollen Wert dieses Kredits zurück, geschweige denn alle Investitionen und Kosten, die jahrelang entstanden sind.

Was seine vierte Ehefrau angeht, so bin ich überzeugt, dass sie sich, als sie ihn das erste Mal verließ und mit den Kindern zu ihren Eltern floh, an den Kaffee und das Gespräch erinnerte, diktierte Nan. Und sie erinnerte sich an einen Satz, den dieser Unglückselige einmal zu ihr gesagt hatte: „Wenn deine Mutter ein Kind mit mir gehabt hätte, dann wäre alles anders gewesen." Ja, er hätte mehr Opfer gehabt, um seine Gewalt an ihnen auszulassen.

Säue und Perlen

Der Bruder der jetzigen Frau von Nans Stiefvater arbeitete zusammen mit Nan im Unternehmen, und seinem Verhalten konnte sie entnehmen, dass er ihr das Gespräch mit seiner Schwester ziemlich übel nahm. Er ignorierte sie, legte ihr auf der Arbeit kleine Steine in den Weg, aber als seine Schwester das erste Mal nach Hause zurückkehrte, gab er zu, dass Nan nicht im Unrecht gewesen ist. Danach verbesserte sich ihr Verhältnis wesentlich, aber nur bis zu dem Zeitpunkt, als Nan ihre erste Abendschule beendete und einen Massage-Salon als zusätzliche Tätigkeit eröffnete – plötzlich verschlechterte sich ihr Verhältnis mit vielen Leuten in diesem Unternehmen, und sie

begriff nicht, was los war. Sie arbeitete nur noch mehr, sie hatte sich den anderen gegenüber nicht geändert. Erst später begriff sie, dass Neid im Spiel war. Als die kleineren Chefs, die am Anfang des Arbeitstages den Arbeitern ihre Aufgaben zuteilten, begriffen, dass sie zu Hause noch eine Schicht arbeitete, begannen sie, ihr jeden Morgen die schwersten Arbeiten zuzuteilen – die Schneider an der Schneidemaschine zu bedienen, was das Heben großer und schweren Papierhaufen oder das Tragen von Buchhaufen von einer zur anderen Maschine einschloss, und zwar das Tragen von Hand, acht Stunden lang. An diesem Arbeitsplatz wechselten sich die Frauen normalerweise jeden Tag ab, aber Nan musste die Arbeit einige Tage lang verrichten, bis sie sich gegen eine solche Behandlung beschwerte. Als im örtlichen Radiosender die Werbung für den Salon lief, schalteten sie regelmäßig das Radio ab, bis der Werbeblock vorbei war... Die Menschen haben nämlich keinen blassen Schimmer, wie viel Geld, Papierkram, Geduld und eigenes, physisches Engagement notwendig sind, um eine solche Arbeit auf die Beine zu stellen, von der Schulung und den unterschiedlichsten Qualifikationen nicht zu reden, geschweige denn von der Anschaffung der adäquaten Ausrüstung, was wiederum eine Geschichte für sich ist. Damals begann Nan, über die Redewendung des klügsten Menschen, der je auf der Erde verweilte (Gläubige werden den Spruch wiedererkennen), nachzudenken – „Werft keine Perlen vor die Säue." Das klingt vielleicht grob, aber wenn sie sich jemals in der Rechtfertigung jemandem gegenüber verloren haben, der krampfhaft nicht verstehen will, was sie ihm erzählen, weil er ihnen offen zeigt, dass er ihnen nicht glaubt, und der ihnen jedes Wort aus dem Kontext zieht, dann beschließen sie wie Nan – keine Perlen vor die Säue zu werfen, weil ihnen die Perlen nichts bedeuten, sie werden sie so oder so zertrampeln und zu Schlamm verwandeln. Es ist ein gutes Gefühl, nicht auf böse Zun-

gen zu reagieren. Sehr falsch dagegen ist es, mit ihnen zu streiten, denn das gibt ihnen nur noch mehr Material, sie anzugreifen.

Wie dem auch sei, zu dieser Zeit passierten in Nans Firma einige Dinge. Um es zunächst zu erläutern – es handelte sich um eine Verlagstätigkeit. Viele Arbeiter, die durch schlechte Gehälter in die Ecke gedrängt waren, begannen, einen Teil der Arbeit, die sie auf ihrem Arbeitsplatz machten, auch zu Hause zu tun – z.B. Bücher einzubinden und verschiedene Grafik-Galanteriewaren herzustellen. Einige gingen sogar einen Schritt weiter und kauften kleinere Maschinen, mit denen sie ihre Arbeit beschleunigen konnten, und sie waren wesentlich günstiger als die Mutterfirma. Einige weiteten ihre Tätigkeit so aus, dass die üblichen Buchbinderarbeiter in ihrer Freizeit bei ihnen arbeiteten – klassische Schwarzarbeit. Damals führte der Direktor (er ist heute nicht mehr unter uns, er ruhe in Frieden) einen klassischen Betrug durch und ermöglichte es den Arbeitern, die Aktien eines Unternehmens zu kaufen, das am Ende ist. Viele fielen darauf herein, unter ihnen auch Nan. Nachdem er das getan hatte, kauften die Menschen die Aktien, und er verkündete das Arbeitsverbot für alle, die Konkurrenz für die Firma waren, d.h. für diejenigen, die zu Hausen irgendeine Art graphische Tätigkeit betrieben, um daran zu verdienen. Für den Fall, dass sie sich nicht daran hielten, drohte er damit, sie zu verklagen und den Schaden einzufordern, den sie auf diese Weise dem Unternehmen zufügten. Sie können sich den Unmut vorstellen. Niemand von diesen Menschen hatte aus purem Übermut in die Maschinen und das Material investiert, sondern um sich und seiner Familie das Leben zu erleichtern. Die Gehälter waren klein und begannen, mit Verspätung ausgezahlt zu werden. Hinter allem stand viel Arbeit, manchmal auch nachts, um alles zu schaffen. Und jetzt ging alles zum Teufel. Nan verstand, wie ihnen zu Mute war.

Es tat ihr wirklich leid. Eine super intelligente Kollegin fragte sie wütend, wann sie ihren Salon schließen würde. Nan lachte wie nie und sagte, dass es ihr nicht einfallen würde, den Salon zu schließen. Sie hatte gerade ein Gerät für die Lymphdrainage gekauft, alle Termine waren voll, es lief richtig gut. Die Besserwisserin ging zum Direktor, und dieser rief ein paar Tage später Nan zum Gespräch zu sich. Er fragte sie höflich, war sie zu Hause hätte und welche Tätigkeit sie betreiben würde, und nach einiger Erklärung fragte er, ob sie genug Arbeit hätte und wünschte ihr alles Gute. Er entschuldigte sich dafür, dass er auf das Gerede hereingefallen war. „Natürlich dürfen Sie dieser Tätigkeit nachgehen, so viel sie wollen. Was hat das mit der Tätigkeit dieser Firma zu tun?", sagte er. Und unten im Betrieb beobachteten sie wachsam, wann Nan aus seinem Büro kommen würde. Sie verließ das Büro mit einem Lächeln und sang leise vor sich hin. Die Petzliese erwartete sie und fragte sie grob: „Und? Was war?" „Nichts", sagte Nan. „Der Direktor hat mir ein gutes Geschäftsjahr gewünscht", fügte sie hinzu. Ach, wenn Blicke töten könnten... Werfen sie deshalb keine Perlen vor die Säue. Selbst offensichtliche Fakten nützen nicht, wenn jemand beschließt, sie zu hassen.

Nans Mutter versuchte einige Male, diesem höllischen Leben zu entfliehen, aber wegen des materiellen Teils der ganzen Geschichte war das schwer. Sie hatte alles, was sie besaß, in dieses Haus investiert, in der Hoffnung auf ein besseres Leben, und jetzt sollte sie das alles zurücklassen und sich an den unerträglichen Gedanken gewöhnen, dass sie ihrem einzigen Kind nichts mehr würde geben können. Es war sehr schwer für sie. Und dennoch, als all das ein Ende nahm, kam langsam alles an seinen Platz. Mama bekam eine einigermaßen zufriedenstellende Summe vor Gericht. Später bekam sie die Gelegenheit, unter günstigen Bedingungen die Wohnung abzukaufen, in der sie heute noch lebt, und alles rich-

tete sich irgendwie. Die schweren Tage sind nur noch in diesem Buch präsent. Und vielleicht noch in vereinzelten Erinnerungen, die, Gott sei Dank, nicht mehr wehtun. Nan heilte ihre Kindheit. Mit siebenundvierzig Jahren. Es wurde auch Zeit.

Gedankenwelt

Nan wünscht sich oft, dass ihre Gedanken ordentlich sortiert sind, wie Bücher in einer Bücherei – so dass, wenn sie über ein Thema schreiben möchte, der richtige Gedanke wie auf Knopfdruck hervorspringt und sie dorthin führt, wohin sie kommen möchte. In ihrer Denkwerkstatt herrscht jedoch alles, nur keine Ordnung und Aufteilung. Hier herrscht häufig unvorstellbares Chaos. Ein Gedanke überspringt den anderen, und, wenn sie über etwas in Skribas Diktiergerät erzählen möchte, dann taucht etwas vollkommen anderes auf, was ihr sonst nie eingefallen ist, und das führt sie in die falsche Richtung. Oftmals versteht sie die Bilder und Gedanken gar nicht, die sie vorfindet, als ob sie nicht zu ihr gehören, und im Grunde hat sie begriffen, dass sie das auch nicht tun. Es sind Gedanken und Bilder, die jemand anderes dahin gelegt hat, und ihre emotionale Natur hat sie als verlassene, verweinte Kinder an sich genommen. Es sind Eindrücke aus verschiedenen Filmen, Liedern, Erinnerungen aus der Vergangenheit, oder aber aus bestimmten Lebenssituationen, in denen sie stiller Zeuge war – keinesfalls aktiver Teilnehmer.

Sie spaziert Am Ende des Frühlings durch die Stadt. In der Luft riecht sie den Duft des herankommenden Sommers. Es wird immer wärmer. Die Kids neben ihr essen genüsslich kleine Blätterteigtaschen mit Pizzageschmack. Eines ihrer gemeinsamen Rituale – sie gehen zum Kaffee zu Oma und kaufen unterwegs frische, noch warme Blätterteigstückchen. Direkt fällt ihr eine Geschichte ein, die

ihr neulich eine junge Lehrerin erzählt hat, die Kinder auf dem Land lehrt. Sie sagt, dass sie in ihrer Klasse einen Jungen hat, der in der Schulküche nichts essen darf, was tierischer Herkunft ist – keine Würstchen, kein Fleisch, gar nichts... Auf ihre Frage, warum er kein Fleisch isst, erklärte er, dass seine Eltern ihm verbieten, Fleisch zu essen, weil die Tiere leiden, wenn man sie tötet. Er darf auch keine Eier essen, denn ein Ei ist ein zukünftiges Küken. Nach dem gleichen Prinzip darf er auch keine Pizza essen, im Grunde nichts von dem, was Kinder gerne mögen... Jeder von uns hat seine Vorstellung von gesunder Ernährung, aber Nan glaubt, dass man eine solch schwere Last Kindern nicht aufbürden sollte. Natürlich denkt sie nicht, dass Ernährung auf Pizza und Würstchen reduziert werden sollte, aber auch eine erwachsene Person hat manchmal Lust, ein Stück Pizza zu essen und eine Cola zu trinken – alles innerhalb der Grenzen des Normalen. Nichts Extremes ist gut und kann nicht gut sein. Mäßigkeit ist eine tolle Gewohnheit, und so sehr man Veganer oder was auch immer ist, immer muss die Gesundheit und das Wohl der Kinder an erster Stelle stehen. Wenn wir wiederholt Dinge verbieten, dann wächst der Wunsch danach unaufhaltsam, und das Kind ist unglücklich. Ist es letzten Endes überhaupt für die Gesundheit gut, wenn wir erlauben, dass sich ein Kind sehnlichst etwas wünscht, wenn es seine gleichaltrigen Freunde betrachtet, für die das, was es sich so sehr wünscht, eine alltägliche Erscheinung ist? Ist es das wirklich wert, dass unser Kind uns eines Tages, wenn es erwachsen ist, vorwerfen wird, dass es sich neben uns nach einem Ei, einer Cola gesehnt und nach einem Stückchen Fleisch geschmachtet hat? Schlimm, dachte Nan.

Ihr Stiefvater genoss es, sie auf diese Weise zu quälen. Ein Kind in der Pubertät wächst, es verbraucht Energie, isst alles, an was es kommt, es braucht alles, und wäre ihre Mutter nicht gewesen, dann wäre sie ohne das

kleinste Stückchen Schokolade geblieben. Er hat in einer Keksfabrik gearbeitet und konnte den Kindern jeden Tag eine Schachtel Kekse oder etwas anderes mitbringen, wenn er es gewollt hätte. Sie erinnerte sich daran, dass er in großen Säcken Reste nach Hause brachte – zu stark gebackene und gebrochene Kekse. Am meisten gab es das, was am Ende der Schicht auf dem Boden zusammengefegt wurde – damit fütterten sie die Schweine. Im Slang nannten sie das „Abfall". Nan und ihr Bruder wühlten oft mit den Händen bis zum Ellbogen in diesen Säcken auf der Suche nach gebrochenen und halb verbrannten Keksen, hart wie Stein, und sie wetteiferten, wer die meisten ganzen Kekse finden würde. Das waren Leckerbissen für sie. Während sie redet, erinnert sie sich genau an den Geruch, der sich aus diesen Säcken ausbreitete. Er labte sich natürlich daran, zuzuschauen, wie sie sich wie die Ferkel verhielten, die sie mit diesem Abfall fütterten.

Auf der anderen Seite dagegen hatte sie als Kind ein sehr stark entwickeltes Bewusstsein über Geld – dass Mama lange nicht nach Hause kam, weil sie für Essen, Kleider, Schuhe und alles, was sie zum Leben brauchten, arbeiten musste. Sie verstand außerdem sehr gut, dass man nur schwer an Geld kam, es aber leicht ausgab. Mama lies jeden Morgen auf dem Tisch damalige zehn Dinar liegen, und diese reichten aus, damit Nan morgens ein Brot, eine Milch, zwei Liter Mineralwasser kaufen konnte, und es blieb noch etwas für einen Kaugummi übrig. Einmal gewann der Stiefvater bei Sportwetten etwas. Er nahm einhundert Dinar aus der Hosentasche und sagte Nan, sie solle im nächst gelegenen Laden für sich und ihren Bruder Süßigkeiten für das ganze Geld kaufen. Das war am Anfang seiner Beziehung mit Mama, als sie noch in der Wohnung lebten, die sie vom Unternehmen bekommen hatte, in der Stadt. Es war noch keine Rede vom Hausbau. Er wollte wohl als cooler Typ vor Mama

dastehen und zeigen, dass er die Kinder liebt, also sollten sie an den Süßigkeiten ersticken... Sie erinnerte sich gut an die Scham. Sie kam in den Laden, kaufte einige Tüten Bonbons und kehrte nach Hause zurück. Zum Glück war Mama da, denn mit ihm wollte Nan die Kommunikation auf das kleinstmögliche Maß reduzieren – das war eine Art Schutz für sie. Weinend gab sie ihr das Geld und sagte, sie könne nicht alles verbrauchen, es würde viele Tage für Brot ausreichen und sie solle es verstauen... An ihre Reaktion erinnert sie sich nicht mehr. Mama sagt, dass sie sich an dieses Ereignis nicht erinnern kann, aber Nan konnte sich an seine Reaktion erinnern – lachend sagte er zu Mama: „Siehst du jetzt, wie dumm sie ist...". Niemals nette Worte, niemals Lob, nie machte sie etwas richtig, immer war sie faul, dumm, hässlich und verrückt.

„Stadtbummel"

Den Großteil der Zeit, sie würde sagen, sogar siebzig Prozent, verbringt Nan in häuslicher Umgebung. Ihr Arbeitsplatz ist im eigenen Hof, so dass sie nur zum Einkaufen, in die Bücherei, zu ihrer Mutter, auf den Markt, zu Lehrersprechstunden und Elternabenden und zum Arzt raus geht. Sie ist kein Typ, um in Cafés zu sitzen und ihre Zeit auf Tratsch zu verplempern. Außerdem verbringt sie jedes Jahr einen Monat am Meer. Wenn sie in Eile durch die Stadt läuft, lenken kleine Kinder, ihr glückliches Lachen und ihr unglückliches Weinen und die Reaktionen der Erwachsenen auf das kindliche Verhalten ihre Aufmerksamkeit auf sich. Einmal erblickte sie auf einem Kinderspielplatz eine junge Mutter, die einen kleinen Jungen mit sich führte, der einen unsicheren Gang hatte – man sah, dass er diese Fähigkeit erst kürzlich erlangt hat. Er war noch wackelig und unsicher, aber er hatte es im Griff. Die Mutter ging langsam, hielt

ihn an seiner kleinen Hand, aber sie schaute irgendwohin nach vorne und sah den Kleinen nicht, der mühsam versuchte, sie mit seinen kleinen Füßen einzuholen, obwohl er wirklich sehr langsam lief. Auf einmal, als sie sich ihnen näherte, bemerkte Nan, dass dem Kind seine Hose heruntergerutscht war. Wahrscheinlich hat der Gummi nachgelassen. Rücksichtsvoll lenkte sie die Aufmerksamkeit der Mutter darauf: „Entschuldigung, Ihr Kind verliert seine Hose...". Sie erwartete, dass sie mit leichter Verwunderung und einem Lachen reagieren würde, aber das tat sie nicht. Sehr böse drehte sie sich um und schrie das Kind ziemlich laut an: „Was machst du da?"

In jedem Fall übertreiben wir es häufig mit der Reaktion auf das Verhalten anderer, egal, ob es Erwachsene oder Kinder sind. Daher stammen auch viele unnötige Konflikte. Die eigentliche Tatsache, dass wir uns verteidigen – angreifen – bedeutet, dass wir uns aus irgendeinem Grund bedroht fühlen oder, was wahrscheinlicher ist, dass es uns chronisch an Toleranz fehlt. Nicht jeder gut gemeinte Hinweis ist gleich ein Angriff auf unsere Welt, unser Intimleben und unsere Privatheit. Wahrscheinlich lag an diesem Tag etwas in der Luft... das passiert oft.

Der Mensch ist dem Menschen ein Unmensch

Nan fragt sich, warum wir Menschen uns eigentlich voreinander fürchten müssen, warum wir durch unser Verhalten die Welt zu einem gefährlichen Ort machen, warum für viele von uns Geld die oberste Gottheit ist, und warum daneben das menschliche Lebes nichts wert ist. Warum müssen wir Kindern von klein auf sagen, dass sie zu niemandem ins Auto steigen sollen, dass sie von niemandem Süßigkeiten annehmen dürfen, weil sie Drogen enthalten können, dass es Menschen gibt, die ihnen Böses wollen... Jetzt, als sie das erzählt, ist ihre Tochter

zehn Jahre alt, und Nan ist auch jetzt der Meinung, dass es zu früh ist, um ihr von den Grausamkeiten zu erzählen, die Menschen einander anzutun in der Lage sind. Wie soll sie zu ihr sagen: „Weißt du, es gibt Menschen, die dich, ohne mit der Wimper zu zucken, umbringen und deine Organe verkaufen würden. Es gibt Pädophile, die dir Gott weiß was antun würden. Wenn du in Afrika wärst, würde man dir in der Pubertät die Klitoris abschneiden und die Vagina zunähen. Wenn du herangewachsen wärst, würde man dich als Prostituierte verkaufen." Die Menschen tun einander ungesehenes Leid an. Das hat seit jeher Spuren in Nans Leben hinterlassen. Die Erkenntnis, dass Menschen sich Gottes Rechte angeeignet und sich getraut haben, über das Leben eines anderen zu herrschen. Im Grunde glaubt sie, dass die einzige Gottheit, die solche Menschen verehren, Geld ist. Sie denkt, dass es keine Möglichkeit gibt, dass sie aufhören, böse zu sein, weil sie es genießen. Jeder von uns trägt Ying und Yang, Licht und Dunkel, Gut und Böse in sich. Die gesamte innere Welt des Menschen besteht aus der vermischten „Denkwelt" – des ständigen Kampfes zwischen Gut und Böse. Wie wir wirklich als Person sein werden, hängt davon ab, wie sehr wir an uns arbeiten möchten. Viele Menschen gehen leider den leichteren Weg – sie überlassen sich dem Bösen in sich und denken nicht darüber nach, was sie ihren Nächsten damit antun. Es ist leichter, jemanden zu verprügeln und ihm sein Handy abzunehmen und sich nicht darum zu kümmern, ob er an den Folgen der Prügel gestorben ist, als sich zu bemühen und zu versuchen, aus eigener Kraft Geld für dieses Handy zu verdienen. Es ist viel einfacher, das Kind zu verprügeln, wenn sie mit den Nerven am Ende sind, dann ist für einige Zeit lang Ruhe. Auf jeden Fall ist das viel leichter, als sich mit Geduld zu wappnen und täglich miteinander zu sprechen, zu wiederholen, zu diskutieren, manchmal auch zu bitten („Wen, diesen Grünschnabel soll ich bitten?"). Vom

vielen Reden besteht immerhin die Hoffnung, dass etwas Gutes und Positives dieses junge Bewusstsein beeinflussen wird, das wir formen. Von der Gewalttat wird nur eine Botschaft zurückbleiben – Das ist eine Art. Eine solche Botschaft bleibt, aber wir können gegen sie kämpfen. Es ist nicht notwendig, das Gewaltopfer selbst gewalttätig werden, wenn sie erwachsen sind. Ihnen bleibt immer die Möglichkeit, zu wählen – der immer präsente innere Kampf zwischen Gut und Böse, der sich natürlich in unserem äußeren Leben manifestiert, und über den Millionen Filme gedreht wurden. Dieser Kampf gibt jedem die Möglichkeit, zu wählen, ob er ein guter oder böser Mensch sein will. Sie braucht kein besseres Beispiel als sich selbst und ihren Bruder – auch sie hätten ihre Kinder mit dem Lederriemen schlagen, ihnen Haarbüschel ausreißen und sie auf jede mögliche Weise erniedrigen können – vielleicht wäre es sogar zu einer Reaktion des Sozialamts gekommen. Aber was würde das Sozialamt tun? Sie würden sagen, dass sie ein Opfer von Gewalt waren, sie würden ein bisschen mit ihr reden, vielleicht eine Maßnahme aussprechen und sagen, dass es schon in Ordnung kommen würde. Und nach einiger Zeit würde sie wieder den Lederriemen in die Hand nehmen...

Nan denkt, dass Gewalt an Kindern und allgemein Gewalt in der Familie nicht adäquat behandelt wird, und dass den Gewalttätern Flügel wachsen, weil sie wissen, dass niemand ihnen letztendlich etwas anhaben kann, insbesondere dann, wenn sie hoch positioniert in der Arbeitswelt sind, praktisch unantastbar, und ihr Adrenalin steigt von Null auf Hundert in der Stunde. Sie können alles, sie sind Götter, Herrscher über Leben und Tod. Wenn ihnen die eigentliche Wahl, dass sie zu dem werden, was sie sind, ein erschwerender Umstand wäre, wenn in der Praxis (unabhängig von den Eigentumsverhältnissen) der Gewalttäter das Haus verlassen müsste, und nicht das Opfer, wenn man nicht warten würde, bis

die Frau an den Folgen der Prügel stirbt, sondern schnell reagieren würde, und wenn Leute auf bestimmten Positionen (bestimmte Pädagogen und Schulleiter, von denen Nan etwas weiß) die ordnungsgemäßen Meldungen ihrer Lehrer, die gewissenhaft die geschlagenen und armen Kinder bemerkt und dies gemeldet haben, diese Meldungen nicht in die Schublade stecken und vergessen würden, nur, um keine Probleme zu bekommen... Wenn wir uns alle als Gesellschaft bemühen und nicht mehr schweigen würden... Wenn wir Mut fassen und den Nachbarn anzeigen würden, weil wir alle paar Tage Kindergeschrei und Kinderweinen mit anhören, wenn wir der Nachbarin helfen würden, die auf dem Flur des Gebäudes Hilfe suchend an unsere Tür klopft, und wir uns nicht trauen zu öffnen, weil wir Angst haben, selbst Opfer zu werden, oder, was noch viel häufiger der Fall ist – weil fremde Probleme uns nicht interessieren... Wenn wir das, was wir sehen, nicht tolerieren würden, wenn wir beschließen würden, zu helfen, wenn wir die Augen nicht mehr vor dem Offensichtlichen schließen würden...

Wenn sie schon darüber spricht, dann denkt Nan, dass auch die Kirche dabei helfen könnte. Nan hat nie in ihrem Leben bei der Messe gehört, dass ein Pfarrer die Väter und Ehemänner dazu aufgefordert hat, seine Frauen gut zu behandeln, seine Kinder nicht zu schlagen, seine Frauen nicht zu beleidigen. Heute wartet auf eine Frau, die eine Arbeit ausübt, zu Hause noch eine Arbeit, und abends wird von ihr erwartet, todmüde noch eine gute Liebhaberin zu sein. Eine solche Frau braucht mehr als einen Ehemann-Liebhaber, sie braucht einen Ehemann-Partner, der ihr bei den täglichen, gemeinsamen Pflichten helfen und einen Teil davon auf sich nehmen wird, damit sie am Ende des Tages zusammen ihre Augenblicke genießen können. Niemals hat sie von der Predigerkanzel auch nur ein einziges Wort der Unterstützung für die Frau – Frau, Frau – Mutter, Frau – fleißige Arbeiterin –

gehört. Und wie sie dagegen gehört hat, dass Holz und Steine auf geschiedene Frauen geworfen werden. Von denen, die abgetrieben haben, erst gar nicht zu reden. Ein altes Volksprichwort sagt schön, dass eine Kuh sich nie selbst sticht. Nan würde an dieser Stelle fragen, ob es in Ordnung ist, nur die Frau wegen der Abtreibung zu kreuzigen, ohne den Mann, der an alledem mitgewirkt hat, überhaupt zu erwähnen. Wie viele sagen, dass sie kein Kind möchten. Wie viele zwingen die Frau zur Abtreibung. Wie viele verschwinden einfach, wenn sie erfahren, dass sie schwanger ist...

Irgendwie hat sie genug davon, denkt sie.
Gehen wir auf ein Unterhaltungsprogramm über. Man muss beachten: hinter dem lustigen Filmtitel könnte sich ein unangenehmer Inhalt verbergen, der für Jugendliche unter zwölf verboten ist.

Kartenspielen und Alkohol

Seid ihr für eine Partie „Bela"...?
Nan wird sie in eine weitere phantastische Erziehungsmethode ihres lieben Stiefvaters einführen. Zuerst hat er ihr und ihrem Bruder sehr früh, als sie noch in die Grundschule gingen, das Kartenspiel „Bela" beigebracht. Am Anfang waren sie noch begeistert, aber schnell ist der ganze Enthusiasmus verblasst, als sie begriffen, worum es geht. Üblicherweise spielten sie in Paaren: Nan und Mama und ihr Bruder mit dem Stiefvater. Nan und Mama verstanden sich hervorragend, sie brauchten nicht viel, um sich einzuspielen, so dass das gegnerische Männerpaar in den meisten Fällen verlor. Dies rief, raten sie, Wutausbrüche des lieben Mannes, der sie erzog, hervor. Er schrie ihren Bruder in voller Lautstärke an, schlug mit der Faust auf den Tisch, sprach die schlimmsten Schimpfwörter aus, die sie sich denken können, so dass sich das, was ein angenehmer Familienabend werden sollte,

regelmäßig in Schrecken und Grauen verwandelte. Schon allein vom Wort Kartenspielen zitterte sie, und ihr Bruder war außer sich. Manchmal rettete Mama die Situation, indem sie sich auf Kopfschmerzen oder etwas Ähnliches herausredete... Und ihm stieg der Adrenalinspiegel. Er musste sich austoben, und am besten war es, ordentlich alle anzuschreien. Wenn jemand sich traute, zu widersprechen, würde er vielleicht gnädiger Weise auch eine Ohrfeige austeilen, was im Grunde sein Ziel war. Deshalb hat er ihnen auch Kartenspielen und Schach beigebracht, um Material und Raum für noch mehr Misshandlungen zu haben. Noch gute Gelegenheiten, um sie zu misshandeln. Sie sind ihm gerade irgendwie ausgegangen. Ihr fiel ein, dass ihr Bruder sie manchmal fragte: „Willst du heute mit ihm Karten spielen? Mir ist schon schlecht davon...“. Manchmal war uns wirklich schlecht. Manchmal ging es besser aus, manchmal schlechter. Auf jeden Fall ist das noch eine weitere von vielen unangenehmen Erinnerungen. Nur, dass es heute komisch ist, wenn sie daran denkt. Seine hervorquellenden Augen, der Speichel, der ihm aus dem Mund spritzt, seine zerzausten Haare, wie aus einer Komödie. Heute bringt sie das zum Lachen. Wirklich.

Einmal bliebt Nan nach dem Unterricht im Lehrerzimmer, damit ein älterer Lehrer ihr Mathe-Nachhilfe gibt. Mathe konnte sie noch nie. Auf einmal tauchte sein Kopf in der Türöffnung auf. Sie war so entsetzt, dass sie fast vom Stuhl gefallen ist. Er kam nie zur Sprechstunde, er benahm sich nicht wie ein Vater, und jetzt plötzlich... Es kam ihr in den Sinn! Er kam, um sie zu kontrollieren! Als sie ihn fragte, gab er es ohne Probleme zu. Sie führte ihn in das Lehrerzimmer, stellte ihn dem Lehrer vor, der natürlich bestätigte, dass sie die ganze Woche lang zur Nachhilfe kam, und dass sie nicht gerade ein Mathe-Talent ist.

Nach einiger Zeit, an einem schönen Sommertag, fragte sie ihre Mama, ob sie nachmittags zur Jugendsit-

zung gehen dürfe. Mama hatte noch nicht geantwortet, da kam schon sein Kommentar: „... damit sie dort mit Männern rummacht." Sie dachte, sie würde in Ohnmacht fallen. Sie war fünfzehn. Sie war noch ein Kind. Sie weinte in ihrem Zimmer wegen dieser brutalen Beleidigung. Gott sei Dank dachte Mama nicht wie er. Sie stritten schlimm wegen seiner brutalen Aussage.

Eine der besten Geschichten ist die, dass er sich an nichts erinnert, wenn er betrunken ist. Er ist dann verrückt und entschuldigt sich, und ein paar Tage lang ist alles in Ordnung, und dann geht er weg und betrinkt sich wieder... Sie hatte die Nase voll von diesem Scheiß und beschloss, es zu riskieren und auf ihre Weise zu prüfen. Die Entscheidung war getroffen. Es war Zeit, dass sie sich zum ersten Mal betrinkt, und zwar so stark, dass sie sich übergeben muss, damit sie sehen kann, ob er sich an irgendetwas erinnert. Sie musste strategisch planen. Es handelte sich um ein größeres Geflecht von Umständen, und vieles konnte schief gehen. Die volle Wahrheit traf sie – wie sie sich damals, als sie so verrückt und jung war, ohne Angst plötzlichen Ideen hingab, und immer endete alles perfekt. Sie hatte volles und bedingungsloses Vertrauen ins Leben, in das Universum, in Gott. Natürlich musste auf diese Weise alles perfekt ausgehen. Dies ist das grundlegende spirituelle Gesetz – Vertrauen und Sich-gehen-Lassen (Wohin ist dieses Vertrauen jetzt verschwunden? Ist sie wirklich eine solche Gläubige, wie sie sich sieht...?). Ach, diese Gedanken... Zuerst musste sie überlegen, wie sie nach der Polizeistunde ins Haus kam, nach Möglichkeit unbemerkt. Kam sie nicht bis um elf, würde sie eine abgeschlossene Haustür vorfinden. Deshalb lehnte sie das Fenster ihres Zimmers nur an, wobei sie die Blumentöpfe genauso hinstellte wie sie sonst angeordnet waren. Sie musste sich einen Grund zum Ausgehen ausdenken. Eine Freundin kam zu ihr und bat ihren Stiefvater, sie morgen, am Samstag, Nachmittag zu ihr zu

lassen, um ihr beim Deutsch lernen zu helfen, weil Nan unter den besten in der Klasse war. Er wollte nicht als Arschloch dastehen, gegenüber anderen verhielt er sich immer höflich und als Kavalier, also erlaubte er ihr, zu gehen. Und so versammelte sich die Truppe. Sie begannen langsam und endeten mit Hochprozentigem. Am meisten trank sie Amaro. Sie wusste nichts von Alkoholvergiftung, denn sonst hätte sie sich wahrscheinlich nicht auf dieses Experiment eingelassen. Das Leben hatte sie bis dahin gelehrt, dass es gut ist, den sicheren Weg zu gehen. Sie betrank sich gründlich, so sehr, dass sie nicht alleine nach Hause gehen konnte. Sie mussten sie begleiten. Sie konnte kaum laufen, ihr war schlecht, sie übergab sich, aber sie erinnerte sich an jedes besch... Detail, sie erinnerte sich an das Gefühl der Übelkeit und an die schlimmen Kopfschmerzen am nächsten Tag. Selbst heute noch erinnert sie sich an einige Dinge, die sie an dem Abend gesagt hat. ABER SIE ERINNERTE SICH AN ALLES.

Sie kam nach Hause und bat ihre Freunde, die Blumentöpfe vom Fenster zu nehmen. Sie warteten, bis ein großer Laster am Haus vorbeigerast war (das war normal, sie lebte an einer Hauptstraße), dann öffneten sie den Fensterflügel. Sie kletterte leicht herein, schloss das Fenster, und ihre Truppe legte die Blumentöpfe zurück an ihren Platz. Sie hatte kaum Kraft, sich die Zähne zu putzen, das Pyjama anzuziehen und sich aufs Bett zu werfen. Irgendwann hörte sie, dass ihre Zimmertür geöffnet wurde. Der Herr lugte herein, um zu sehen, ob sie nach Hause gekommen war. Warum sie weiß, dass es nicht Mama war, die hereingeschaut hat? Weil sie hereingekommen und ihr einen Kuss gegeben hätte, deshalb.

Am Morgen erzählte sie ihrer Mama, was sie getan hatte. Mama sagte, sie könne schlafen, soviel sie wolle, weil der Stiefvater früh morgens zur Bereitschaft gegangen war, und dass er ein paar Tage lang nicht da sein würde. In solchen Augenblicken erlaubte sie sich, ohne

Zurückhaltung höchstes Glück in ihrer Seele zu empfinden. Nur sehr selten gelang ihr das. Sie hatte das Gefühl, dass es sie heilt, aber nur selten traute sie sich, Freude in ihr Herz zu lassen. Die Angst, die wie ein unglückseliger Schatten über ihrem Alltag schwebte und drohte, in jedem Moment auf sie herunterzufallen und sie zu zerstören, hinderte sie daran.

Nan sagte in Gegenwart ihrer Mutter nie, dass sie ihn hasst, dass er widerwärtig ist oder ähnliche Sachen. Sie wollte ihr die ohnehin komplizierte Situation nicht noch schwerer machen. Sie dachte, dass sie damals von ihr lernte, wie man mit Problemen fertig wird, aber dieses gemeinsame Leben ging auch so seinem Ende zu. Sowohl Mama als auch Nan waren noch jung. Nan stand erst an der Schwelle ihres Lebens, und es war sehr wichtig, dass dieser Horror aufhörte, dass die Wunden verheilten, und dass sie dem Leben eine neue Chance gaben. Gut, dass es so war. Nan konnte nicht umhin, an die vielen jungen Frauen und Kinder zu denken, die täglich weitaus schlimmere körperliche Gewalt erfuhren, als es bei ihr der Fall war, besonders dann, wenn ihre Ehemänner hohe Positionen ausüben (und meistens ist das der Fall). Solche sind meistens die schlimmsten Gewalttäter. Unter den normalen, kleinen, halb gebildeten Leuten gibt es Beispiele, dass das Gesetz der Faust das Gesetz des Lebens ist.

Wenn du einmal gehst, dann kehre nicht mehr zurück...

Nan war einmal wegen eines operativen Eingriffs im Krankenhaus Dubrava. Die ganze Woche über verbrachte sie im Krankenhaus. Das Zimmer war im siebten Obergeschoss, und der unglaublich gute Kaffee im Automaten im Erdgeschoss. Nie hatte sie so guten Kaffee

aus dem Automaten getrunken. An einem Tag fuhr sie mit dem Lift nach unten, um sich einen Kaffee zu holen, und entschied sich dafür, ihn unten zu trinken. Sie setzte sich auf eine Bank im Erdgeschoss und beobachtete ein wenig die Leute. Bingo! Škoro lief direkt an ihr vorbei und betrat den Lift. Bald setzten sich zwei Personen neben sie auf die Bank. Eine junge Frau, ein wenig zerzaust, in einem kleinen Mantel, der falsch zugeknöpft war, und mit einem verbundenen Ohr. Das Blut tränkte den Verband, der verdächtig schmutzig war. Die Frau stellte sich in die Reihe vor einem Schalter, und eine andere, ältere, die sie begleitet hatte, setzte sich neben sie auf die Bank. Nach einigen Minuten kam auch ein Mann mit einem kleinen Hut, in einer engen, schwarzen Jacke aus grobem Stoff dazu. Man sah, dass es Leute vom Dorf sind. Sie begannen, über die junge Frau zu reden, die am Schalter stand. Es kam heraus, dass sie ihr Gehör verloren hatte infolge eines Schlags auf den Kopf, den ihr ihre Schwiegermutter versetzt hatte. Vor kurzem hatte sie einen gebrochenen Arm, weil die Schwiegermutter sie die Treppe herunter gestoßen hatte. Sie musste dem Arzt sagen, dass sie gestürzt ist. Jetzt war das Problem, wie sie einen Schlag auf den Kopf erklären sollte, den sie sich nicht selbst hätte verpassen können. Nan dachte, dass der Arzt bestimmt nicht daran denken würde, zu fragen, wie es zur Verletzung gekommen ist. Warum duldet eine junge Person so schwere Misshandlungen? Warum tut sie nicht etwas? Warum geht sie nicht weg, irgendwohin, zur Polizei, zu den Nachbarn? Zum Schluss wird sie vielleicht als eine der Puppen ohne Gesicht auf dem Jelačić Platz enden.

Das ist gar nicht gut. Solche Szenarien sind nicht gut für die Spezies Mensch als Ganzes. Es muss eine Möglichkeit existieren, Gewalt in Familien zu verhindern. Es muss eine Möglichkeit geben. Alles beginnt mit dem Opfer. Wenn sie schweigen und leiden, dann

wird nichts besser, nur schlechter. Und wenn sie es versuchen, dann ist der erste Schritt das Sozialamt. Wenn sie versuchen, es jemandem zu erzählen, irgendwem, dem Nachbarn... Etwas müssen sie unternehmen, sie müssen diesen ersten Schritt machen. Den kann niemand für sie tun. Sie müssen versuchen, sich leise zu widersetzen. Rufen sie jemanden an! Es gibt verschiedene Telefonnummern, die „blaue" oder irgendeine andere, die eines Freundes oder Nachbarn, aber sie sind diejenige, die den ersten Schritt machen muss. Machen sie ihn, stoppen sie das Leid und atmen sie das Leben mit vollen Atemzügen ein. Sie werden sich selbst dankbar sein. Und wenn auch Kinder im Spiel sind, was sie oft sind, dann werden auch die ihnen dankbar sein, dass sie den Kreis aus Angst und Verzweiflung unterbrochen haben, aus dem es augenscheinlich keinen Ausweg gab. Auswege gibt es, es muss sie geben. Es gibt Auswege.

Wenn sie einmal raus sind, und immer mehr Frauen gehen (in sichere Häuser, dort, wo Lösungen geboten werden), dann verzeihen sie ihrem Gewalttäter nie, oder glauben sie um Gottes Willen nicht, dass er sich ändern kann, dass er nicht ganz so schlecht ist, dass sie ihn trotzdem lieben... All das sind Dummheiten, glauben sie. Nan weiß, wovon sie redet. Wir Frauen geben sehr viele Chancen in der Beziehung, in der Ehe, unserem Mann. Aber wenn sie alles zurücklassen und fliehen mussten, dann geben sie ihm nie wieder die Gelegenheit, sie zu verletzen. Genau das wird er tun, und zwar mehr als vorher. Natürlich wird er ihnen alles versprechen, was sie hören möchten. Er wird sich sogar daran halten, aber nur kurz, bis er es leid wird, sich selbst gegenüber zu schauspielern. Und dann werden sie die doppelte Zeche zahlen. In genau solchen Situationen verunglücken Frauen tödlich. Unbeschreiblich ist die Angst der Kinder, unter der sie leiden, und über die sie nicht sprechen. Sie wollen nicht, dass ihre Kinder solche Erinnerungen haben,

von denen sie hier lesen, nicht wahr? Nan wünscht sich, dass ihre Kinder mal, wenn sie an ihre Kindheit denken, nur Freude und Liebe und Glück empfinden, dass sie sich an alles Schöne, an die Gemeinschaft, die gemeinsamen Mittagessen, Urlaube, schöne gemeinsame Ereignisse und Erlebnisse, an gemeinsames Filmeschauen erinnern. Wenn sie einmal gehen, dann für immer. Geben sie ihren Kindern die Chance, dass ihre Wunden heilen, reden sie mit ihnen. Wenn sie sich ihnen öffnen wollen, dann gehen sie mit ihnen zu einer Gemeinschaftstherapie, weil es ihnen helfen wird. Und lieben sie sie, umarmen, küssen sie sie, schmusen sie mit ihnen, kitzeln sie sie, interessieren sie sich für ihre Schulnoten, ihre Freunde, wenden sie sich ihren Kindern zu wie nie zuvor, denn auf diese Weise werden sie auch sich helfen, und die Liebe und Fürsorge, die ihre Kinder dabei spüren werden, wird ihnen helfen, sich besser zu fühlen. Bald werden sie glücklicher sein und sich sicherer fühlen, weil sie wissen, dass sie für sie da sind, und dass sie sie nie verlassen werden. Sie müssen sie überzeugen, dass sie sie nie wieder Angst und Unsicherheit aussetzen werden. Schenken sie ihren Kindern sich selbst, und sie werden es nie bereuen. Das sind alles Gründe dafür, dass sie, wenn sie einmal der gewalttätigen Umgebung entflohen sind, nie mehr zurückkehren sollten. Ziehen sie einen Strich unter diesen Teil ihres Lebens, egal, wie sehr übrig gebliebene Liebe oder materielle Aspekte sie zurückziehen. Alles wird sich auf diese oder jene Weise richten, geben sie bloß nicht nach. Wählen sie das Wohl ihrer Kinder und ihr eigenes Wohl. Vielleicht könnte man in bestimmten Kreisen solche Standpunkte kritisieren. Die Kirche würde sagen, dass die Ehe heilig ist, und dass es eine Sünde ist, sie zu zerstören. Nan quält eine solche Einstellung immer öfter, gerade wegen den misshandelten Frauen und Kindern.

Egal, an was sie glauben, Gewalt kommt nie von Gott. Unternehmen sie deshalb schnellstmöglich Schritte,

um von dort zu flüchten. Warten sie keine Sekunde. Sie
werden sich und ihre Kinder retten, und Gott wird es ihnen bestimmt nicht verübeln. Daran glaubt Nan zutiefst.

Eine Wohnung ohne ihn ist
ein Kaiserpalast

Nan erlebte den endgültigen Fortgang von zu Hause wirklich
als Rettung.
Sie erklärte dies zum Sieg in einem langjährigen Krieg.
Einige Male zog Mama in verschiedene Mietwohnun-
gen. In einer hatten sie eine Badewanne im Zimmer, eine
andere war feucht. Es machte ihr nichts aus – all diese
Wohnungen, in denen Frieden herrschte, waren für Nan
Kaiserpaläste. Sie konnte schlafen, so lange sie wollte,
Freundinnen besuchen, Freundinnen konnten zu ihr kom-
men. Sie hatte zu allem Lust.

Nach Abschluss der Mittelschule war sie zwei Jahre
lang arbeitslos, und dann hatte sie endlich Glück, Arbeit
zu finden. Sie war damals zwanzig. Mama hatte endlich
sich selbst, ihr und dem Leben eine neue Chance gegeben.

Wenn sie es nicht getan hätte, dann wäre Nan vielleicht wie einer der Söhne ihres Stiefvaters geendet, psy-
chisch krank und unfähig, ein eigenständiges Leben zu leben. Der Stiefvater wäre wahrscheinlich beleidigt, wenn
jemand ihm sagen würde, dass gerade er daran schuld ist,
dass sein Kind ruiniert ist, und dann auch die Frau, die
es wie Nans Mama viele Male versucht hat, aber keinen
Schlussstrich gezogen und nicht für immer gegangen ist.
Den Preis für alles zahlte ein unschuldiges Kind (jetzt
eine erwachsene Person, die sich nie von der zu großen
Vaterliebe erholen konnte). Seine jetzige Frau ist noch
immer mit ihm zusammen. Er ist jetzt alt und machtlos.
Er kann niemanden mehr verletzen, aber das Leid ist ge-

schehen. Einige Dinge wird man nie reparieren können. Deshalb dürfen sie, wenn sie einmal gegangen sind, nie zurückkehren. Frauen machen den schrecklichen Fehler, zu glauben, dass sie mit ihrer Liebe den Mann ändern können. Das ist einfach nicht wahr, so sehr diese Erkenntnis auch schmerzen mag. Wenn Kindertränen und Bitten, das Flehen des eigenen Kindes ihn nicht weich machen können, dann haben sie keine Chance. Und deshalb – wenn sie beschließen, alledem ein Ende zu setzen, dann muss es für immer sein. Nan hat darin viel Erfahrung.

Jedes Mal, wenn Mama und sie zurückkehrten, wurde es noch schlimmer. Am Anfang schien es, als würde alles gut werden, aber sehr schnell zeigte sich, dass nichts anders war. Mit jedem Streit wurde er immer wütender. Es gab keine Art, es ihm recht zu machen oder ein nettes Wort von ihm zu bekommen. Nan kann sich eigentlich an keinen einzigen mit ihm verbrachten Moment erinnern, von dem sie sagen könnte, dass er ihr in schöner Erinnerung geblieben ist. Sie kann sich an keine Kleinigkeit in Zusammenhang mit ihm erinnern, die ihr angenehm war, nichts, was sie als schön bezeichnen könnte.
Ein wenig beängstigend, nicht wahr? Und sie hat viele solche Jahre mit ihm verbracht.

Am schönsten war es, als Mama und sie gingen, und als sie begriff, dass es für immer war. Sie ordneten ihr Leben so gut, wie sie konnten. Für Mama war es nicht leicht, zum dritten Mal im Leben von neuem zu beginnen, aber sie schafften es.

***

Sie erinnert sich daran, dass sie einmal überrascht über die Frage ihres Stiefvaters war: „Warum glaubst du, dass ich böse bin, und warum hasst du mich?"

Natürlich antwortete Nan, dass das nicht wahr ist, aber in diesem Augenblick begriff sie, dass er irgendwie an ihr Tagebuch gekommen ist und es gelesen hat. Er hat

es nie zugegeben. Auf Nans Frage hin, woher er darauf kam, antwortete er: „Nur so."

Nan begann daraufhin, in ihr Tagebuch all das zu schreiben, was sie über ihn dachte: dass sie es nicht abwarten konnte, dass Mama ihn verließ, zu gehen, ein normales Leben zu beginnen. Sie schrieb, dass sie alles Mögliche erlitten hatte, und dass ihr Bruder ihr leidtat, der nie eine Chance hatte. Sie ließ das Tagebuch absichtlich an einer sichtbaren Stelle liegen. Er kommentierte nie etwas. Und trotzdem bemerkte sie, dass er irgendwie nachdenklicher, stiller geworden war. Er lärmte nicht mehr so viel. Bald eskalierte seine Wut. Er konnte ihr nicht verzeihen, dass sie ihn auf so einfache Weise kontrollierte. Er musste „platzen".

Es war viel einfacher, durch das Fenster abzuhauen, als zuzulassen, dass ihr Stiefvater sie an den Haaren griff und ihren Kopf an die Wand prellte, was eine seiner üblichen Erziehungsmethoden war.

Als er Jäger wurde, trug er auf dem hinteren Autositz ein Gewehr mit sich herum und führte auch auf diese Weise seinen Terror durch. Zur damaligen Zeit bedeutete der Status des Jägers und die Mitgliedschaft in der kommunistischen Partei, dass er sozusagen unantastbar war und nach Belieben seine Familie terrorisieren konnte. Es gab kein „blaues" Telefon. Es gab niemanden, dem man hätte sein Leid klagen können. Nan sagte unvorsichtig in einer Diskussion in dem Fach, das man zu ihrer Zeit „TIPSS" nannte, dass sie von ihrem Stiefvater keinen Cent für ein Sandwich in der Schule bekommt, und dass sie in der Schule hungern würde, wenn ihre Mama sich nicht darum kümmern würde. Die Lehrerin rief ihren Stiefvater an und sagte, dass es nicht schön ist, das Nan so redet. Sie hatte sich nicht einmal bemüht, die Wahrheit zu erfahren und Nan danach zu fragen, unter welchen Umständen sie lebte, und ob das wahr ist. Natürlich hat der Stiefvater Nan angegriffen, aber sie erschreckte sich

dieses Mal nicht, sondern fragte ihn, wann er ihr zuletzt Geld für ein Sandwich gegeben hatte oder in der Lehrersprechstunde oder beim Elternabend gewesen war. Er antwortete, dass er Mama das überließ.

"Dann hast du keinen Grund, böse zu sein, ich habe nicht gelogen", sagte sie. Diesen Kampf hatte sie erstaunlicherweise gewonnen. Für Nan war jede Situation, in der sie ohne Prügel davon kam, ein gewonnener Kampf.

Angst vor dem beleuchteten Fenster

Damals wohnten sie noch in der Stadt, so dass es sehr nah zur Schule war. Wenn Nan aus der Nachmittagsschicht von der Schule kam, war es bereits dunkel. Mama arbeitete meistens bis zehn Uhr abends, und wenn sie Glück hatte, dann holte der Stiefvater sie ab. Er ging üblicherweise etwas früher, so dass die Wohnung leer war, als Nan nach Hause kam. Das unbeleuchtete Fenster signalisierte ihr dies.

Sie ging oft alleine von der Schule nach Hause, im Dunkeln, setzte einen Fuß vor den anderen. Sie hatte vor nichts anderem Angst als vor dem, was sie zu Hause erwarten würde. Sie lief langsam und betete auf ihre zaghafte, kindliche Weise in sich hinein: „Bitte Gott, lass ihn nicht da sein, bitte Gott, lass ihn nicht da sein..." Und immer so weiter, bis sie ein dunkles und unbeleuchtetes Fenster erblickte. Einmal bemerkte sie, verloren in ihren Ängsten und inbrünstigen Gebeten, nicht, dass eine Freundin hinter ihr her lief. Sie fragte, was das bedeutete „Bitte Gott, lass ihn nicht da sein..." Nan antwortete, dass sie große Angst vor ihrem Stiefvater hat, und dass sie sich wünscht, dass er nicht zu Hause ist, wenn sie kommt. Ihre Freundin schüttelte nur den Kopf und antwortete, dass auch sie wünscht, dass er nicht zu Hause ist, und wünschte ihr eine gute Nacht.

War das Fenster zu Nans großer Trauer beleuchtet,

dann bekam sie Magenkrämpfe, weil sie wusste, dass sie keine Ruhe haben würde, bis er losging, um Mama abzuholen. Selbst wenn Nan und ihr Bruder alles einwandfrei aufräumten, dachte ihr Stiefvater sich etwas aus, um sie belästigen zu können.

So bemerkte sie eines Abends, sobald sie das Wohnzimmer betrat, unter den kleinen Tisch geworfene, zerknitterte Kugeln aus Zeitungspapier. Sie wusste mit Sicherheit, dass sie nicht da waren, als sie zur Schule ging. An diesem Tag war es ihre Aufgaben, den Staub unter dem kleinen Tisch und überall sonst zu wischen. Sie machte es gewissenhaft, damit sie seine Wut nicht auf sich zog. Deshalb wusste sie, dass ihr Stiefvater aus irgendeinem Grund das Zeitungspapier unter den Tisch geworfen hatte. Nach der Begrüßung stellte sie die übliche Frage: „Ist alles in Ordnung?" War die Antwort ein wohlwollendes Kopfschütteln, dann traute sie sich, ein wenig aufzuatmen und ein klein bisschen von der Angst, die sie gefangen hielt, loszulassen.

Aber der Blick auf die Papiere unter dem Tisch an diesem Abend versprach nichts Gutes. Sie dachte, sie würde sowieso Prügel bekommen, also beschloss sie, revoltiert zu sein:

"Das war heute Morgen nicht da." Es passierte fast nichts. Ohne Worte beugte sie sich herunter, sammelte die zerknäulten Zeitungspapiere ein und warf sie in den Abfalleimer. Sie ging in ihr Zimmer, und er schaute nur zu. Bald hörte sie das Schließen der Tür und den Schlüssel im Schloss. Er ging Mama abholen, ohne sie eines Grußes zu würdigen: „Ich bin dann weg!" oder ähnlich. Endlich Ruhe. Nan nahm ihre Lieblingsbücher und genoss das Lesen. Regelmäßig bat sie darum, dass man ihr zum Geburtstag Bücher schenkte. „Bambi", „Bambis Kinder", „Pipi Langstrumpf", „Die Kameraden von Pero Kvržica", "Nichts ohne Božena", "Miki Trasi" – das waren ihre Kinder. Sie legte sie ordentlich auf einen

Teil ihres Betts und schlief auf dem anderen Teil. Alle Bücher waren, wie auch Nan, mit einer Decke zugedeckt. Alle Bücher waren von Mama oder „Papa" signiert und es stand drin, zu welchem Geburtstag sie sie bekommen hatte.

Nan konnte nicht aufhören, diesen Büchern nachzuweinen, weil Mama und sie bei der Flucht vor dem Stiefvater nicht alles mitnehmen konnten, was sie wollten. Bei ihm ist auch ihre jahrelange Serviettensammlung geblieben, in zwei wunderschönen Metallschachteln mit roten Rosen. Die Frau Nr. 4 verbrannte sie, sobald sie die Schachteln gefunden hatte. Oh nein, sie verurteilt sie nicht, weil sie mehrmals durch die Hölle gegangen ist. Vielleicht tut sie das heute noch! Aber Nan konnte nie ganz aufhören, diesen Servietten nachzutrauern. Sie waren wunderschön, und heute gibt es so etwas nicht mehr, sie werden nicht mehr hergestellt... Sie glaubt, dass ihre Tochter begeistert von den Servietten wäre.

***

Wenn das Fenster dunkel war, dann begann Nans Herz, schon im Erdgeschoss zu singen.

Ohne Eile aß sie etwas und ging in Ruhe zu Bett, wobei sie ein Gebet für Mama und sich sprach, dass alles gut werde.

Das war die Zeit, als Nan in die Schule kam, die erste oder zweite Klasse. Im gleichen Geschoss wohnte ein Mädchen, das ein Jahr jünger als sie war, und deren Eltern auch geschieden waren. Sie hatte auch einen Stiefvater, aber der war gut und ein besonnener Mensch. Niemals hörte Nan, dass er sie anschrie oder schlug.

Fenster zur Terrasse

Der Wohnort war ein Altbau im Stil einer Villa, zweigeschossig, mit breiten Fluren und hohen Decken.

Im ersten Obergeschoss gab es drei Wohnungen, im zweiten vier. In keiner der Wohnungen gab es Sanitärräume. Jedes Geschoss hatte eine Gemeinschaftstoilette. Mamas Wohnung war in der Ecke, so dass es ihnen gelang, einen Teil des Flurs abzutrennen, ohne dass es jemanden störte, und in der Verlängerung eine Badewanne aufzustellen. Sie hatten zumindest den Anschein eines Bads, was nicht schlecht war. Manchmal ging Nan auf den Flur. Im Grunde war es kein Flur, sondern ein Ruheort, von der aus die Eingangstür und die Türen der anderen Wohnungen einen anschauten. Es gab dort auch ein kleines Fenster, unter dem immer ein alter, wackeliger Stuhl stand. Wenn Nan heute an dieses Fenster denkt, dann sträuben sich ihr die Haare im Nacken, und bald werden sie auch verstehen, warum.

Wenn man sich auf den alten, wackeligen Stuhl stellte, und sich mit den Händen auf die Fensterbank stützte, dann konnte man sich auf eine sehr geräumige Terrasse herausziehen. Das an sich wäre in Ordnung gewesen, aber der Ausblick war nichts Besonderes – man konnte den Busbahnhof Menschenmengen sehen, die vorbei liefen. Und Busse natürlich. Allerdings war die Terrasse mit kleinen Steinchen verkleidet, ziemlich rutschig, und sie war nach unten hin geneigt, aber es gab keine schützende Brüstung. Zwischen zwei Wohnungen hatten die Leute einige Drähte gespannt, und hier trockneten die Bewohner ihre Wäsche. Es war ein wahres Wunder, dass niemand von diesen fünfzehn Metern Höhe stürzte, denn meistens sammelten Kinder die getrocknete Wäsche ein. Wenn sie heute daran zurückdenkt, dann bekommt sie Schwindelgefühle. Gott, wie oft hatte Nan auf dieser Terrasse getanzt und sich ausgemalt, auf einer Bühne zu stehen! Sie näherte sich dem Rand, soweit es ging, weil all diese Menschen am Busbahnhof ihr Publikum waren. Sie mussten sie sehen... Einmal kam es ihr so vor, als würden sie tatsächlich applaudieren, weshalb

sie verschämt wegrannte und nie wieder in der Nähe des Rands tanzte. Früher einmal, vor vielen Jahren, betrat sie dieses alte Gebäude und ging nach oben in das zweite Obergeschoss. Die alte Steintreppe, die uralten Fliesen des Flurs, alles war ihr so bekannt... Und das kleine Fenster, das zur Terrasse führte, geschlossen mit Holzbrettern, auf denen stand, dass es verboten war, am Fenster hoch zu klettern. Vielleicht war die Terrasse mit den Jahren beschädigt worden – sie wusste es nicht. Irgendwie empfand sie Erleichterung.

Dieser Teil des Flurs – des Ruheorts – genauer gesagt, unter dem Fenster, das zur Terrasse führte, hatte noch einen Zweck. Nans Stiefvater hatte nämlich die Regel eingeführt, dass Nan und ihr Bruder an bestimmten Tagen in der Woche seine, Mamas und ihre Schuhe in den Flur tragen und sie schön putzen und zum Glänzen bringen mussten. Zuerst mussten sie mit einer groben Bürste, der „Schlammbürste", gebürstet und anschließend mit Paste in der Farbe der Schuhe eingecremt und dann mit einem alten Baumwolltuch poliert werden. Nans Stiefvater dachte wahrscheinlich, dass er die Kinder erniedrigen würde, weil sie die Schuhe putzen mussten. Aber ihre Nachbarin Tina begann, sich ihnen bei dieser abendlichen Aktivität anzuschließen, so dass daraus ein angenehmes Zusammensein wurde, das manchmal stundenlang dauerte. Manchmal mussten sie sie zum Abendessen in die Wohnung scheuchen, weil es schon spät war. Es war wirklich toll! Sie erinnert sich daran, dass ihr Bruder einmal, als Streit in Aussicht war, sagte: „Lass uns Schuhe putzen gehen!". Sie gingen raus und verbrachten ein oder zwei Stunden in Tinas Gesellschaft, erzählten sich Witze und Schulerlebnisse. Die Nachbarn wussten schon von ihren Putz-Sitzungen und liefen ab und zu durch den Flur und scherzten mit ihnen. Sie fragten, ob sie ihnen auch ihre Schuhe bringen könnten, und Nan und ihr Bruder sagten sofort, wie viel das kosten würde. Sie konstati-

erten, dass sie zu teuer waren, und gingen lachend in ihre Wohnungen. Die Kinder legten die ordentlich geputzten Schuhe auf das Brett des beschriebenen kleinen Fensters, das zur gefährlichen Terrasse führte. Das war für Nan eine der nur wenigen angenehmen Erinnerungen, die im Grunde nicht mit der verhassten Person verbunden war, außer, dass sie seiner Anordnung nach die Schuhe putzten. Mit ihrer kindlichen Intuition und mit der Freude, mit der alle Kinder auf die Welt kommen, machten Nan und ihr Bruder aus einem unangenehmen Befehl ein angenehmes Erlebnis. Das waren die Anfänge ihres gemeinsamen Lebens. Sie waren noch nicht „verbraucht" und verletzt, außer dass Nan intensiv das Fehlen ihres Papas spürte. Sie hielt dies alles für eine Übergangszeit, die vorbei gehen würde, und nach der ihr Papa zurückkommen würde.

Aber an die gefährliche Terrasse zwischen den zwei Flügeln der Altbauvilla, in der sie wohnten, erinnerte Nan sich noch wegen eines anderen Ereignisses, das anschaulich zeigt, wie wahr das alte Sprichwort ist, dass der liebe Gott die Kinder und die Betrunkenen schützt.

Zucchini-Eintopf

Das Gebäude, in dem sie wohnten, war ein Gebäude in Form von zwei breiteren, flacheren Türmen, die untereinander durch die beschriebene, breite Terrasse verbunden waren. Von außen betrachtet, sah man zwei identische Flügel, im Erdgeschoss mit den gleichen Fenstern links und rechts und mit einer Tür in der Mitte. Damals war das gesamte Erdgeschoss ein Restaurant. Im ersten Obergeschoss links und rechts ebenfalls Fenster und in der Mitte über der Tür des Erdgeschosses, noch ein breites Fenster, das zur dritten Wohnung in diesem ersten Obergeschoss gehörte. Im zweiten Obergeschoss links und rechts etwas kleinere Fenster und in der Mitte – die

Terrasse. Diese Fenster sind etwas kleiner, weil sie zu Schlafzimmern gehören. Es sind die höchsten Fenster am Gebäude, und über ihnen gibt es nur noch ein Ornament in Form eines Kreises mit einer verzierten Spitze. Rund um das Zimmerfenster, von außen betrachtet, hat der Baumeisters das Gebäude dekoriert, indem er die Fenster mit einer kleinen Erweiterung umrandet hat, die vielleicht an die zwanzig Zentimeter breit ist. Diese Erweiterungen sind mit Blech verkleidet, gleich dem Werk eines Konditors, der die Ränder seiner Torten mit Schlagsahne verziert. Genau so sah dieses Blech unter dem Fenster aus, gefaltet und gestaltet wie Torten-Dekoration, ein wenig nach unten geneigt.

Das Fenster im zweiten Obergeschoss konnte man ohne Probleme offen lassen, wenn man nicht zu Hause war. Niemand konnte ins Zimmer gelangen, insofern er nicht akrobatisch durch das kleine Terrassenfenster kletterte, sich an der Wand festhielt, sich traute, langsam, Schritt für Schritt auf dem feuchten Blech zu gehen. So hätte er an das Fenster des Schlafzimmers gelangen, es mit der Faust einschlagen und hereinkommen können. Um das zu tun, muss man so richtig betrunken sein, denn nüchtern könnte nur ein totaler Verrückter das ausführen.

Und genau das tat Nans Stiefvater an einem kalten Winterabend. Er fiel ins Zimmer herein, nahm Mamas gesamtes Geld, das er finden konnte, und schlug sie auch noch, als sie sich wehrte. Dann ging er. Mama ging zur Polizei, bei der der heute verstorbene Onkel, der Ehemann von Mamas jüngster Schwester, arbeitete, der versprach, dass er in der Nähe sein würde, falls dieser Irre zurückkehren sollte. Mama verschloss das zerbrochene Fenster mit einer dicken Decke, damit es nicht kalt war, denn es war Winter und draußen fiel Schneeregen. Stellen sie sich vor, was für eine Person unter diesen Umständen ein Fenster einschlagen würde, obwohl er weiß, dass

in der Wohnung kleine Kinder leben! Und das war nicht das einzige Problem. Es war Wochenende, und zur damaligen Zeit hatte sonntags alles geschlossen, alle Läden waren zu. Mama hatte gerade ihr gesamtes Geld verloren, sie konnte nicht zur Bank, und alle waren hungrig. Unter ihnen, im Erdgeschoss, war ein bekanntes Restaurant, in dem Mama damals arbeitete. Es gelang ihnen irgendwie, ein wenig Kleingeld für eine Portion Eintopf zusammenzukratzen, aber es fehlte noch etwas Geld. Ihr Bruder hob den Linoleumboden im Flur an und fand unter der Tür die so notwendige Münze. Sie gingen, um eine Portion Eintopf zu essen. Mama überließ alles ihnen. Sie nahm keinen Bissen zu sich. Morgens ging sie zur Arbeit. Früher war der Kellner-Job ein goldener Job, die Leute hatten mehr Geld als heute und gaben immer Trinkgeld. Also gab es schon morgen kein Problem mehr mit dem Essen, aber dafür mit der Angst und Ungläubigkeit, und natürlich war Mama sehr traurig. Einige Zeit lang war Ruhe. Dann geschah, so denkt Nan, eine der vielzähligen Gelegenheiten, die Frauen ihrer Beziehung geben, und bald versöhnten sie sich.

Nan nahm ihrer Mama nie etwas übel. Sie bemühte sich, so gut sie konnte. Sie gab alles von sich. Sie litt viel und vergab viel. Viele Male ist ging sie und kehrte wieder zurück, weil es schwer fiel, zu gehen, alles zurückzulassen, wofür sie jahrelang gearbeitet hat, und am Ende ihrem Kind sagen zu müssen, dass sie ihm, na ja, nichts erwirtschaftet und hinterlassen hat. Deshalb litt sie, und deshalb kehrte sie zurück. Aber als alles sinnlos wurde, als zum Schluss das Überleben in Frage gestellt wurde, beschloss sie, einen Punkt unter alles zu setzen. Es existieren doch Gericht, Herrgott nochmal! Sie gingen und kehrten nie wieder zurück. Mama zog natürliche die schlechtere Karte, aber sie verlor trotzdem nicht alles. Heute hat sie eine wunderschöne kleine Wohnung, sie ist relativ gesund, und irgendwie haben sich die Puzzle-

Teile eingefügt.

Nicht, dass er nicht auf jede mögliche Weise versuchte, die Dinge in Bewegung zu bringen. Besonders gut spielte er auf Nans Emotionen, indem er sie gut einschätzte. „Jetzt bin ich allein. Ich habe es schwer. Komm doch ab und zu, um mir zu helfen" und so weiter und so weiter. Er schauspielerte so gut, dass Nan tatsächlich einige Male mit dem Bus zu ihm fuhr, ihm die Hemden wusch und bügelte (weil er nur Hemden trug) und das Haus ein wenig aufräumte. Mama überließ es ihr, nach eigenem Gewissen zu handeln. Dann erfuhr sie von einer örtlichen "Rebhühner" (die nie einen Hehl daraus machte, womit sie ihr Geld verdiente), dass in Stiefvaters Haus eines Abends Orgien organisiert wurden. Es kam eine Gesellschaft zusammen, an die zehn Leute. Sie betranken sich und bekamen Hunger. Der Hausherr fragte sie, was sie essen wollten, und unsere Informantin rief: „Zehn gebratene Eier und den nackten Gastgeber auf den Tisch!".

"Und, glaubst du, er hätte sich nicht ausgezogen?" fragte sie Mama. "Der Irre, er ist nicht normal. Gut, dass du von dort weggegangen bist." Selbstverständlich musste Mama Nan nicht erst sagen, dass sie nicht mehr dorthin gehen soll. Und so wurde aus einem ganzen Leben Vergangenheit.

Nan fiel gerade jetzt etwas zu diesen Hemden ein. Ihr Stiefvater hatte so viele Hemden und Hosen, dass er seinen Schrank nicht zu machen konnte. Als aber Mama sich ein bordeauxfarbenes Kostüm und ein Wollkleid kaufte (über die Gewerkschaft, auf Raten), musste sie sich tagelang dafür rechtfertigen, wofür sie es bräuchte. Die Arme hat immer Geld versteckt, um etwas für die „schwarzen Tage" zu haben, wie sie es sagte. Zu oft gelang es dem Stiefvater, auch das zu finden und an sich zu nehmen. Er trank gerne. Als sie noch eine Familie spielten, war er zweimal beim Alkoholentzug. Nan hörte, dass er, als

er zum vierten Mal heiratete, noch einmal zum Entzug ging. Wie erfolgreich dieser Versuch war, das wissen seine jetzige Frau und seine jetzigen Kinder am besten.

Liebe, reizende, kleine Tiere

Nan wird ein wenig zum Leben auf dem Land zurückkehren. Wie sie bereits erwähnte, hatten sie viele Tiere. Neben den Nutztieren gab es auch einige der liebsten Haustiere. Aber es war nicht ratsam, jemanden oder etwas gern zu haben, so dass der Stiefvater es bemerkte. Man konnte förmlich sehen, wie sich die Räder in seinem Kopf bewegten, während er sich einen höllischen Plan ausdachte, dessen einziges Ziel darin lag, Weinen und Tränen zu verursachen. Es tut Nan leid, dass sie ihnen das nicht ersparen kann, aber es muss raus aus ihr, und der Zweck des Ganzen ist, dass sie ihren Kindern so etwas nie antun. Oder irgendwelchen Kindern.

Fall Nr. 1 – Švrćo. Ein ganz besonderer kleiner Dackelmischling, gelb mit schwarzem Schwanz, ein treuer und lieber Hund der, so hatte man das Gefühl, jedes Wort verstand, was man ihm sagte. Nan erinnerte sich nicht daran, woher der Name Švrćo stammte, aber sie hatten ihn noch, als sie in der Stadt leben. Er lebte im Hof des Gebäudes, in einem Holzschuppen, den alle Untermieter besaßen, und die aneinander gereiht waren. Švrćo hatte eine herausgesägte Öffnung in der Holztür, so dass er auch nach draußen konnte, wenn er das wollte. Alle Bewohner mochten Švrćo, weil er lieb war und hörte, nie biss er irgendwen, nie bellte oder belästigte er jemanden. Einmal ging er Nan bis zur Schule hinterher und jaulte vor der Technikwerkstatt traurig und kratzte an der Tür. Er versuchte, hereinzukommen. Der Lehrer erlaubte Nan, ihn nach Hause zu bringen. Švrćo ging mit Nan zum Kaufhaus „Nama", und als sie ihm sagte, er müsse draußen warten, setzte er sich brav vor die Tür und wart-

ete geduldig. Sie hat später nie mehr einen solchen kleinen Hund gesehen oder besessen. Wenn Mama zum Markt ging und an der Ampel stehen blieb, dann blieb auch er stehen, und in der Menschenmasse auf dem Markt fand er sich zurecht, indem er Mamas Rock verfolgte, wie sie zu sagen wusste.

Auf dem Dorf hatte er es schön. Er konnte herumrennen, soviel er wollte. In der Nähe wohnte ein alter Mann, der alleine lebte, und immer, wenn Švrćo an seinem Haus vorbei ging, rief der Alte im Scherz, der ihnen ihren Hund stehlen würde: „Du kommst mit mir mit, mein Kleiner, du bist ein ganz Hübscher..." Den Alten amüsierten die Reaktionen der Kinder. Es gelang ihm ganz besonders, Nan zu verärgern. Sie wurde „verrückt" wegen ihm: „Ach was, du willst mir meinen Hund nehmen, du alter..."

Und dann verschwand Švrćo eines Tages. Als wäre er im Erdboden versunken. Sie riefen und riefen nach ihm, aber er kam nicht zurück. Sie riefen seinen Namen, aber er kam nicht zurück. Deshalb beschlossen Nan und ihr Bruder, ihn zu suchen. Sie begannen beim ersten „Verdächtigen", der ständig sagte, dass er ihn stehlen würde. Sie näherten sich seinem Haus auf der Weide und begriffen, dass er einen großen Hund hat, und dass Švrćo bestimmt nicht bei ihm ist. Sie suchten auf den Weiden und im Gehölz, trafen auf Jäger und beschrieben ihren verschwundenen Hund, aber die Jäger schüttelten nur mit dem Kopf. Sie hatten ihn weder lebend, noch tot gesehen. Müde und durstig gingen Nan und ihr Bruder nach Hause. Der Stiefvater gab keinen anderen Kommentar ab, außer dass er fragte, ob sie ihn gefunden hatten. Er wusste sehr gut, dass niemand ihn finden würde. Sie erfuhren nie, was passiert war.

Fall Nr. 2 – Astor. Einige Jahre später schaffte der Stiefvater selbst einen wundervollen schottischen Schäferkund mit Namen Astor an. Es war ein ausgewa-

chsener Hund, aber er passt sich in ihr Leben ein. Nan schloss ihn sehr in ihr Herz, weshalb er zu ihren Füßen im Bett schlief. Den Flur ging er immer direkt an der Wand entlang, so dass bald an der Wand ein langer Streifen in seiner Höhe zu sehen war. Nan liebte ihn wohl zu sehr und war dumm genug, das auch zu zeigen. Der Streifen an der Wand musste das Glas zum Überlaufen bringen. Astor wurde verboten, in ihrem Zimmer zu schlafen. Er musste raus. Eines Nachts kam es ihr im Schlaf so vor, als hätte vor dem Haus ein Auto gehalten. Morgens wurde ihr klar, dass es ihr nicht nur so vorgekommen ist, denn Astor war nicht mehr da. Mama tröstete sie, so gut sie konnte, aber Nans Hass auf den Stiefvater stieg auf das Zehnfache an, falls das überhaupt möglich war. Es begann, ihr zu „dämmern", dass auf die gleiche Weise sehr wahrscheinlich auch Švrćo verschwunden ist. Und der Stiefvater hatte sie den ganzen Tag durch Wald und Berge laufen lassen.

Fall Nr. 3 – Pirgo. Die fast schönste Aktivität bei der Versorgung der Tiere war das Füttern der kleinen Lämmer mit der Flasche. In der Flasche bereitet man ein Gemisch aus Milch und Futtermasse zu, das zu einem dickflüssigen Brei wird, der durch ein größeres Loch in einem Gummischnuller läuft. Wenn sie sie nur sehen könnten, wie sie einen anschauen, wenn man mit dem Fläschchen ankommt! Sie drängen sich zu einem, und wenn sie den Schnuller zu schnappen kriegen, dann stupsen sie ihn und saugen das Futter mit einer solchen Kraft heraus, dass man das Fläschchen gut festhalten muss. Einmal hatten sie und ihr Bruder jeder eine Flasche in der Hand. Das war eine Herausforderung! Kleine Lämmer wachsen schnell, und Nan und ihr Bruder wussten leider, dass sie sie füttern, damit sie einem Haufen von Leuten zum Essen serviert wurden. Sie versuchten deshalb, sich nicht zu sehr an die allerliebsten Tiere zu binden. Und trotzdem hatte jeder seinen Liebling. Nans Liebling war Pirgo.

Er bekam seinen Namen nach dem berühmten Lamm von Anđelka Martić. Pirgo wuchs von der großen Dosis an Futter und der noch größeren an Liebe schneller als die anderen. Bald brauchte er kein Fläschchen mit Schnuller mehr, sondern aß frei das Gras rund ums Haus. Er verwandelte sich in einen starken, jungen Widder mit schönen Hörnern. Manchmal rannte er einigen Familienmitgliedern nach, aber Nan hatte keine Probleme mit ihm. Wenn sie von der Schule kam, näherte er sich ihr und rieb seine kleine, weiche Schnauze an Nans Bein. Er stieß sie nie mit seinen Hörnern. Es gab einen Moment, da hoffte Nan, dass er nicht als Essen enden würde, weil sie ihren Stiefvater zu Mama sagen hörte, dass sie ihn behalten könnten. Aber die Dinge mussten doch anders kommen. Sie nahm an, dass sie zu dem Schluss kamen, dass kein Bedarf besteht, einen Widder zu ernähren, oder es kam ein guter Käufer. Sie hatte keine Ahnung. Das heißt, sie wusste um das Schicksal der Tiere, und trotzdem war es ihr nicht egal, als sie eines Tages nach der Schule nach Hause kam, und Pirgo kam ihr nicht entgegengerannt. Sie fragte nichts. Alles war klar. Aber das, was Nan nicht verzeihen konnte, war die arrogante Demonstration, wer der Herr in der ganzen Geschichte war, und wer für Gut und Böse in ihrem Leben verantwortlich war. Am Eingang in die Tierbehausung, über der Tür, direkt in der Mitte der Türzarge, waren Pirgos Hörner befestigt. Nur, damit alles klar ist.

Nan aß nie in ihrem Leben Lammfleisch, noch kam es ihr in den Sinn, Lammfleisch zu essen. Im Übrigen, wissen sie, wie man Lamm oder Lammfleisch auf Italienisch sagt? Agnello. Es wird ungefähr „anjelo" ausgesprochen. An was erinnert dieses Wort sie?
Sie, Nan, erinnert es an Engel.

Wie man Engel behütet

An Engel erinnern auch kleine Kinder. Im Grunde nenn Nan ihre Kinder auch heute noch oft so. Unsere Kinder müssten unsere liebsten Engel sein. Aber sie sind oft einsam und wünschen sich sehnlichst unsere Liebe und Aufmerksamkeit. An dieser Stelle wird Nan eine Geschichte erzählen, die sie von einer jungen Lehrerin in einer Dorfschule gehört hat. Sie bemerkte größere blaue Flecken am Körper eines Jungen, wenn er sich über die Bank beugte und das T-Shirt am Rücken nach oben rutschte. Auf ihre Frage, was mit seinem Rücken sei, wollte er nicht antworten. Einige Freunde um ihn herum lachten, also fragte sie, ob jemand von ihnen wüsste, was dem Jungen passiert ist – Nan wird ihn Tomislav nennen. Einer von Tomislavs Freunden sagte: "Bestimmt hat sein Alter ihn mit einem Wasserrohr verdroschen, es wäre nicht das erste Mal." Der jungen Lehrerin gelang es nur schwer, ihren Schock zu verbergen. Sie weiß selbst nicht, wie es ihr gelungen ist, aber es gelang ihr, dass der Vater zum Gespräch kam. Als sie ihm die blauen Flecken seines Sohnes erwähnte, sagte er ihr offen, dass es sie nichts angeht, dass sein Vater ihn auch so „erzogen" hat, und dass er ganz gut gelungen ist. Die Lehrerin beschrieb nach dienstlicher und menschlicher Pflicht den ganzen Fall und leitete ihn an die Pädagogin und die Psychologin in der Mutterschule weiter. Der Bericht endete in der Schublade, weil die Pädagogin der Schule keine Unannehmlichkeiten wollte. Der Sessel, in dem sie saß, war bequem, und sie wollte sich diesen Komfort von niemandem nehmen lassen.

In der Zeit, als Nans Kindheit und Jugend passierte, die wir heute gerne als kommunistische Zeit bezeichnen, gab es verschiedene Ereignisse, gute und schlechte. Wenn wir eine Parallele zur heutigen Zeit ziehen, dann scheint

es, als gäbe es nicht gerade eine Änderung zum Besseren. Heute kann im Namen der Demokratie jeder jeden für alles beschuldigen. Damals waren es hauptsächlich Beschuldigungen im Sinne von staatsfeindlichen Elementen und Systemfeinden.

Damals führte Nans liebe Lehrerein sie in die erste Klasse, indem sie sie an der Hand hielt, was für sie der Höhepunkt an Aufmerksamkeit und das schönste Erlebnis nach langer Zeit war. Wie sie in dem Haufen plappernder und kreischender Kinder gerade sie ausgewählt hatte, sie, die, wie Nan wetten würde, von allen am ängstlichsten war? Heute werden Kinder nur schwer erleben, dass ihre Lehrerin sie an der Hand nimmt, geschweige denn, wie die ehemalige Lehrerin ihrer Tochter sagt, dass sie sich über das Kind neigt, um zu sehen, was es schreibt, um ihm anschließend über die Haare zu streichen oder ihm eine Strähne aus der Stirn zu streichen. Insbesondere solchen Kindern, von denen man weiß, dass sie in Problemfamilien leben. Einfach aus dem Grund, sagt sie, weil sie Angst hat, man könnte etwas falsch interpretieren, obwohl ihr als Pädagogin, Mutter und Frau diese Zärtlichkeit, die sie mit Liebe geben könnte, sehr fehlt. Nan weiß genau, wovon die Lehrerin ihrer Tochter spricht, weil sie sich sehr gut an ihre eigene, liebe Lehrerin erinnert (sie ist seit langem schon bei den Engeln), die sie manchmal im Vorbeigehen streichelte, sich ihr Heft anschaute und sagt: „Gut, mein Schatz!" oder „Mach es so..."

Sie war für Nan auch im alltäglichen Leben ein Engel. Nan hatte Angst vor der Schule und den Kindern, obwohl sie einige Zeit lang in den Kindergarten ging – sie werden sich erinnern – sie hielt sich selbst immer für hässlich. Und die Lehrerin sagte ihr immer, dass sie hübsch ist, dass sie schöne Kleider trägt, die ihre Mama ihr nähte... Sie war so glücklich! Im Grunde machten ihr in dieser Zeit nur wenige Menschen und Kinder irgendein Kompliment, weshalb sich Nan irgendwann im Erwa-

chsenenalter dabei erwischte, dass sie eigentlich keine Komplimente anzunehmen wusste. Jede Bemerkung zu ihrem Aussehen oder irgendetwas an ihr machte sie nervös und verursachte Schamgefühle bei ihr. Sie überging solche Aussagen kommentarlos und tat so, als hätte sie sie nicht gehört. Sie lenkte das Gespräch auf etwas anderes...

Ebenso schenkte Nan kleinen Kindern in Kinderwagen keine Aufmerksamkeit. Wenn sie eine Bekannte traf, die mit ihrem Kind im Kinderwagen spazieren war, dann sprach sie mit ihr, schenkte dem kleinen Kind aber keinen einzigen Blick. Gott sei Dank ist sie sich dessen bewusst geworden. Ein solches Verhalten war sehr unangenehm, kalt und unhöflich. Heute hat Nan kein Problem mit dem Selbstbewusstsein. Sie sieht das Gute in den Menschen und sagt es ihnen ohne Umschweife. Sie arbeitete in einem Unternehmen, wo Klatsch eine der wichtigsten Kommunikationsarten war. Als sie begriff, dass das nichts für sie war, begannen Provokationen auf ihre Kosten. Und doch glaube sie damals und auch heute noch, dass sie kein Recht hat, irgendjemanden zu verurteilen oder zu beurteilen. Jeder soll mit seinem Leben machen, was er möchte, so lange er damit niemanden unglücklich macht. Nie (auch jetzt nicht) hielt sie es für notwendig, die Kleidung, die Frisur, das Gewicht, die Schminke – irgendetwas von irgendwem – zu kommentieren, denn das sind keine Parameter, die bestimmen, wie diese Person im Inneren ist. Nan interessierte viel mehr, ob jemand menschlich ist und seinen Kindern Menschlichkeit beibringt. Tritt er eine Spinne tot, wenn er sie im Haus sieht, oder befördert er sie lebend raus in die Natur...

***

Das kommunistische Regime hatte seine Regeln, und man musste sie einhalten. Nans Mama hatte eine Zeit lang ein privates gastgewerbliches Objekt, und Priva-

tunternehmer hielt man damals für Kapitalisten. Geschätzt wurden Gesellschaftseigentum, assoziierte Arbeit und ähnliche Werte. Prüfer kontrollierten ständig Nans Mama, sie war dauernd unter Stress und musste deshalb schlau sein. Auch die Prüfer waren nur Menschen, und zwar Menschen, die gutes Lammfleisch mögen. Und jetzt verbinden sie das mit Pirgo und das war es dann... Nur, um leichter atmen zu können.

Ein „Geschenk" aus dieser Zeit ist, dass Nans Stiefvater ihr nicht erlaubte, nach der Erstkommunion weiter zum Religionsunterricht zu gehen. Die Firmung empfing sie viele Jahre später in der Zagreber Kathedrale mit einer Menge von anderen Menschen, um später einmal kirchlich heiraten zu können. Sie ging auf dem Weg von der Schule gerne in der Kirche vorbei. Sie ging einfach durch die große Tür und roch den bekannten, ein wenig schalen Geruch, der sie mit einem wundersamen Frieden erfüllte. Einmal sah ein bekannter städtischer „Herumtreiber" sie und lachte sie vor dem vollen Schulbus aus. Eigentlich hielt Nan sich ganz tapfer – sie verneinte es nicht, sondern sagte: „Na und?" Er sagte: „Nichts!" und nur noch, dass man dort nichts Kluges zu hören bekam. So endete auch dieses Ereignis verwunderlicher Weise mit einem Minimum an Unannehmlichkeit. Niemand im Bus sagte etwas, alle gingen in die Kirche, zumindest ab und zu.

Und dann musste in der Mittelschule (als Mama und Nan bereits gegangen waren) ein Klassensprecher für den Beitritt zum Verband der Kommunisten gewählt werden. Die Lehrerein, die all das leitete, und die Parteivertreterin in der Schule war, lehrte Deutsch. Sie war eine sehr gute Frau. Als die Klasse Nan wählte, war das wichtigste, aus der Sache herauszukommen. Sie wollte nicht Mitglied in einer Organisation sein, die sie noch nicht einmal verstand. Die Lehrerin erkannte ihre Zweifel, kam zu ihr und fragte Nan leise, ob sie in die Kirche geht und an

Gott glaubt. Nan bejahte und fügte hinzu, dass sie eine Tante hat, die Schwester ihrer Mutter, die Nonne ist. „Dann schreib das alles so in deinen Lebenslauf", sagte ihr die Lehrerin. Nach ein paar Tagen kam die Antwort, dass Nan nicht „passend" für die Aufgabe ist, und sie wählten jemand anderen. Sie war der Deutschlehrerin sehr dankbar, und nie im Leben war sie Mitglied irgendeiner Organisation, geschweige denn einer politischen Partei. Und es gab keine Chance, dass sich dies änderte. Aber im Grunde hatte sie viel Glück.

Es ging ein Mädchen mit ihr in die Klasse, deren Vater einen Posten beim Militär ausübte, und die einmal von ein paar Mädchen gehört hatte, unter denen auch Nan war, dass sie Jovanka Broz als „sehr dick, wie ein Schwein" bezeichneten. Natürlich können Kids in der dritten oder vierten Klasse nur das wiederholen, was sie zu Hause hören. Nans Klassenkameradin, deren Vater beim Militär war, sagte zu ihnen: „Wenn Genosse Tito euch hören würde, würde er euch umbringen." Im Grunde hatten sie Glück, dass sie es nicht ihrem Vater erzählte. Nan kann das Gefühl nicht loswerden, dass ihre gesamten Familien Schwierigkeiten bekommen hätten.

Nans Sommer

Soll Nan sie jetzt ein bisschen ans Meer bringen? Los, gehen wir nach Krk.

Die Leute, von denen Mama die Kneipe gemietet hatte, besaßen ein Haus auf Krk, also entschied sie, für sich und Nan eine Woche Urlaub auf Krk einzuzahlen. Es wäre sehr schön gewesen, wäre Nan nur nicht so verdammt wählerisch beim Essen gewesen. Nan konnte nämlich kaum irgendwo etwas in den Mund nehmen, was nicht ihre Mama gekocht hat. Die Woche überlebte sie mit Brötchen und Keksen. Sie aß nur zum Frühstück und eventuell zum Abendessen, mittags nur sehr selten. Die

Behälter, in denen gekocht wurde, waren ihrer Meinung nach von sehr fraglicher Sauberkeit. Heute weiß sie, dass das nur eine Ausrede dafür war, damit sie nicht essen musste, was sie nicht mochte, und was Mama nicht gekocht hat. Alle dort, und es war eine größere Gesellschaft, aßen, und niemandem passierte etwas, aber Nan war ein wenig unangepasst. Sie war nicht an so viele Menschen am Tisch, an ihre privaten und familiären Gespräche gewöhnt. Alles zusammen ging sie nicht viel an, und sie konnte kaum erwarten, bis das Mittagessen vorbei war und sie in den Park und an den Strand konnte... Sie war vollkommen sich selbst überlassen. Sie konnte schwimmen, problemlos die Sonne und das Meer genießen.

Allerdings erinnert Nan sich an diesen einwöchigen Urlaub noch wegen etwas anderem. Als sie noch zu Hause waren, entstand in ihrem Kopf ein Plan. Sie erinnert sich nicht genau wie, aber es gelang ihr, Papas genaue Adresse herauszubekommen. Sie schrieb ihm einen Brief und verschickte ihn. Im Brief nannte sie alle Details, dass sie auf Krk ist und wo genau. In ihrer Seele erwartete sie keine Reaktion von Papa, aber die Überraschung trat dennoch ein, als sie eines Nachmittags, nach zwei, drei Tagen, vom Strand zurückkahm. Sie ging einen Schritt nach dem anderen, mit dem Handtuch über der Schulter. Ein Mann zog ihre Aufmerksamkeit auf sich, der ungefähr dreißig Meter vor ihr lief. Er hielt ein Mädchen an der Hand. Neben ihnen lief eine Frau. Nan schaute sie von hinten an. Sie waren recht weit, aber der Mann... hmm... Nan kennt diese Person. Er trägt eine braune Badehose. Sie hatte sie fast eingeholt. Sie hörte seine Stimme und erkannte ihn definitiv.

Die Stimme sagte:

"Ich weiß nicht, wo wir sie finden könnten..."

"Ich weiß es! Hallo, Papa!" sagte sie mit hundertprozentiger Sicherheit, obwohl sie ihn von hinten sah.

Er drehte sich um. Er war wirklich ihr Papa. Oh, er war sehr überrascht. Er freute sich. Er küsste sie... Sie vergaß alle Wut, alles Elend, die Schmerzen in all den Jahren, in denen sie ihn nicht gesehen hatte. Sie verbrachten zwei wunderschöne Tage. Er ging mit ihr, wohin sie wollte. Irgendwie erinnerte sie sich nicht an Details, aber sie erinnerte sich an die Gefühle – sie hatte das Gefühl, fliegen zu können. Sie freute sich, dass er ihren Brief bekommen und ihn gelesen hatte, und dass er gekommen ist. Soweit Nan über die späteren Ereignisse aufgeklärt wurde, hatte seine Frau Verbindungen in der Post im Ort, in dem er lebte, so dass er ihre Briefe nie bekam. Das sagte die Tante, Papas Schwester.

Sie verbrachte dann zwei schöne Tage mit Papas Aufmerksamkeit, wobei sie die Kommunikation mit seiner Frau auf das Minimum reduzierte. Sie erinnerte sich, dass sie so höflich sein wollte, wie es ihr ihre Erziehung erlaubte, aber nach der ersten Bemerkung über Mama war alles aus. Der wackelige Waffenstillstand platzte wie ein feines, dünnes Kristallglas und Nan würdigte sie keines einzigen Blickes mehr. Sie lenkte ihre ganze Aufmerksamkeit auf Papa, der ihr all die Jahre so gefehlt hatte. Sie fuhren ohnehin in ein paar Stunden zurück, und Nan war irgendwie gestärkt für die Kämpfe, die ihr, wie sie wusste, bevorstanden.

Sie weiß nicht mehr, wie die Stimmung zu Hause war, als sie vom Meer zurück kamen, aber die Angst war trotzdem präsent. Angst ist umgekehrter Glaube. Sie las das in einem spirituellen, anregenden Buch, das sie verschlang, als sie es entdeckte. Nan fiel es etwas schwer, zu akzeptieren, dass Angst der Glaube an das Böse ist, aber das ist die absolute Wahrheit. Diese Erkenntnis hilft ihr gewaltig dabei, heute gegen ihre eigenen Ängste zu kämpfen. Neulich sagte sie zu einer ihrer Kundinnen, sie würde Material für ein Buch diktieren, und wovon es handelt. Die Frau fragte sie absolut intuitiv etwas, was

niemand zuvor sie gefragt hat – ob sie je psychologische Hilfe gesucht hat. Nein, das hatte sie nicht. Sie versuchte, allein damit fertig zu werden. Und so ist es auch heute noch. Erst in den Zwanzigern, als sie begann, beim Verlagsunternehmen zu arbeiten, entdeckte sie absolut zufällig (wie es halt so ist mit wichtigen Dingen im Leben) das phantastische Buch Die Macht Ihres Unterbewusstseins und danach noch Die Macht des Denkens desselben Autors, Joseph Murphy. Aber zu dem Zeitpunkt war das keine gute Wahl für sie. Das sind Texte, die auf direkte (und ein wenig aggressive) Weise verlangen, dass sie anfangen, sich zu ändern, und zwar sofort. Sie dachte, sie würde verrückt werden. Alles war verkehrt, und nichts war mehr gleich. Nan änderte schlagartig ihre Stimmung – von euphorischer Freude, bis hin zu voller Trauer und Selbstmordgedanken. Es gab niemanden, der ihr erklären konnte, dass ihr gesamtes Inneres eine Heilung erlebt, dass sie sich über vieles bewusst werden muss, und dass es nicht gut ist, diesen Prozess mit dem Lesen von etwas zu beginnen, was man zuvor nie gelesen hatte, wenn man dabei der Überzeugung ist, dass die Probleme verschwinden werden, als ob man sie mit dem Zauberstab wegzaubern würde, sobald man das Buch durchgelesen hatte. Es ist gut, Selbsthilfe-Literatur zu wählen, aber man sollte langsam beginnen. Nan möchte nicht, dass dies als Werbung für bestimmte Autoren und Bücher aufgefasst wird, da dieser gesamte Aufsatz ein vollkommen intimer Bericht über eine Kindheit und die Dilemmas eines misshandelten Kindes ist. Sie hofft, dass die Leser an ihre absolute Ehrlichkeit glauben, und dass sie verstehen, dass die Titel, die Nan ihnen hier empfiehlt, ihr im Leben viel geholfen haben.

Das war ihre Psychotherapie.

Wie verzeiht man?

Um etwas mit seiner Psyche anzufangen, und vor allem, um zu beginnen, zu VERZEIHEN, sollten sie die Bücher von Louisa Hay in die Hand nehmen. Es gibt sie in jeder Bücherei. Das ist die Basis, der Anfang. Der erste Schritt ist der schwerste, aber wenn sie ihn nicht machen, dann werden sie es nur schwer weiter schaffen. Das ist die Essenz von allem, es ist die Grundlage ihrer Existenz. Sie müssen es zumindest versuchen. Als das Nan serviert wurde, dass sie verzeihen muss, war ihre Wut mindestens genauso groß, wie bei den grundlosen und ungerechten Schlägen, weil Schläge immer genau das sind – grundlos und ungerecht. Wenn sie so endlos frustriert sind, dann wünschen sie sich ein Wunder über Nacht. Der Wahnsinn im Kopf soll aufhören: In einem Moment singst du, im anderen verhältst du dich wie ein Teenager, alle hassen dich und wollen dir Böses, du arbeitest mit zwanzig Frauen verschiedenen Alters und verschiedener Charaktere zusammen, hörst täglich Klatsch und Kritik über dich und andere, nachts träumst du von Prügel und vom Fliehen durch das Fenster, und von dir wird was erwartet?
Ich soll wem verzeihen...?

Nan öffnet das Buch. Darin steht, dass sie absolut das Recht hat, so wütend zu sein, wie sie will. Und weiter steht drin, wie sie mit diesen Wutmengen fertig werden wird – sie soll unter Wasser schreien (oh, das ist sehr anstrengend für die Lungen, besonders, wenn man Asthma hat), sie soll in das Kissen schreien und es bis zur Ermüdung mit Fäusten schlagen... Und dann muss sie beginnen, zu verzeihen. Die Wut zerstört uns auf Zellebene. Sie zerstört jede Art von Gewebe und kann so vernichtend sein, dass sie uns buchstäblich tötet. Nan fühlte nach den Wutanfällen immer starke Müdigkeit, besonders in

den Beinen. Sie war so erschöpft, dass sie den ganzen Tag körperliche Arbeit verrichtet hat. Und die Wutanfälle bekam sie natürlich während der körperlichen Misshandlung, weil die Tränen, die dann flossen, keine Angsttränen, sondern Wuttränen waren. Tränen der ohnmächtigen Wut, weil man von jemandem geschlagen wird, der viel größer und stärker ist, und sich nicht wehren kann. Und dabei hasst man diese Person mit aller Kraft... Die Angst kam immer zuerst. Wie ein böses Vorzeichen kam sie vor dem Schlussakt.

Nan stand zur damaligen Zeit auf eigenen Beinen. Sie verdiente ihr eigenes Geld, und niemand terrorisierte sie. Mama und sie wohnten endlich in ihrer eigenen Wohnung, nach zehn Jahren als Untermieter, und sie war in einer vielversprechenden Beziehung. Was stimmte nicht. Was war los mit ihr?

Sie erfuhr auf schöne Weise beim Lesen, dass ihre nicht verheilte Kindheit sie eingeholt hatte. Sie stagnierte in ihrem Evolutionsprozess. Sie konnte nicht weiter. Sie drehte sich im Kreis. Machte weder beruflich, noch privat Fortschritte. Sie hatte weder sich selbst noch anderen verziehen, und das Universum hielt sie an ein und derselben Stelle fest. Es gibt kein Weiter. Immer gefühlvoll, immer empfindlich auf fremde Probleme und Leid, hatte sie sich selbst einfach vernachlässigt. Sie dachte, es würde ausreichen, wenn genug Zeit verstreicht, und alles würde sich von alleine regeln. Allerdings war das Selbstbetrug. Man muss die „Schubladen" gründlich reinigen, alles Unnötige wegwerfen (Trauer, Elend, Wut, Hass, alles Negative) und Raum für Neues schaffen (neue Freunde, Liebe, Ausgeglichenheit, Geduld, Verständnis, für alles Positive, für die Entwicklung eigener Interessen und Talente, für das Lernen, für das Voranschreiten), wobei der erste Schritt der schwerste ist. Er ruft Wut hervor, und sie glauben, dass sie aufgeben werden. Der erste Schritt heißt natürlich VERGEBUNG.

Zuerst muss man das als Tatsache, als Wahrheit akzeptieren. Ohne Vergebung gibt es keine Heilung, es ist einfach nicht möglich. Sie werden sich immer in der Wut und im Hass verwickeln. Und derjenige, den sie hassen, wird es nicht bemerken. Er wird auf keiner Ebene spüren, dass sie ihn hassen. Ihren Hass spüren nur sie selbst. Er vergiftet und vernichtet sie. Und damit das nicht passiert, und damit sie nicht in der Sinnlosigkeit hängen bleiben, die sie umbringt, müssen sie dem ein Ende setzen. Sie wollen sich nicht selbst zerstören. Sie wollen sich heilen. Es existieren wundervolle Übungen der Vergebung, sowie eine sehr interessante Affirmation oder ein Gebet – nennen sie es, wie sie wollen – das Nan sehr geholfen hat, und deshalb wird sie es mit ihnen teilen. Vielleicht hilft es jemandem von ihnen.

Wir verstehen uns, wenn es darum geht, dass die Vergebung gegenüber einer Person, die ihnen jahrelang Schmerz und Leid zugefügt hat, besonders große Willensstärke erfordert, aber das ist der einzig richtige Weg, den wir gehen müssen. Auf diesem Weg werden wir mit allen möglichen Gedanken konfrontiert, meistens mit schlechten. Das sind unsere inneren Dämonen. Sie lassen das Gute nicht gewinnen, das sich von Natur aus in jedem Menschen befindet. Mit einer solchen Denkweise kommt man zu dem Schluss, dass auch ihr Peiniger von Natur aus eigentlich ein guter Mensch ist, dass es ihm nur nicht gelungen ist, die eigenen Dämonen loszuwerden. Tief im Inneren ist er im Grunde sehr unglücklich. Das amnestiert ihn kein bisschen, denn er konnte immer zwischen Gut und Böse wählen. Dämonen können präsent sein, aber die Wahl liegt immer bei uns, das letzte Wort liegt immer bei uns. Jetzt ist es an uns, zu verzeihen, aber wir wissen nicht wie. Es ist schwer, zu verzeihen und das Böse abzuwerfen, weil unser Ego riesig ist, wie tausend aufeinander gestapelte Kathedralen. Ich, ich und wieder ich. Schlimm. Wir müssen uns ein wenig in Demut üben.

Sagen wir unserem Ego: „Halt mal die Luft an. Ich bin Kapitän dieses Schiffs, meines Geistes, meiner Gedanken. Ab heute wähle ich, anders zu denken."

Wenn sie das Buch Essen, Beten, Lieben gelesen oder den Film gesehen haben, dann haben sie vielleicht die nette Aussage bemerkt, die Nan von früher kennt – Gedanken kann man genauso wählen, wie Essen. Stellen sie sich ein Buffet, voll mit leckerem Essen, vor. Sie werden wahrscheinlich das wählen, was sie gerne essen. Genauso ist es mit den Gedanken. Denken sie positiv und schön über jeden und alles. Schicken sie Gedanken der Liebe und des Friedens an ihren Chef, der sie nervt, an die Nachbarin, die mittags Feuer in ihrem Garten macht, so dass ihr Haus vollgequalmt wird vom Rauch, an jeden, der sie auf irgendeine Weise verärgert hat. Das Ergebnis nach einiger Zeit könnte sie überraschen. (Ach, hätte Nan bloß schon mit zwölf Jahren davon gewusst!)

Gelingt ihnen das nicht, dann empfiehlt Nan ihnen ein kleines Gebet – eine Affirmation – zu dem sie schon etwas erwähnte. Hätte sie bloß auch von diesem Gebet gewusst: „Gott, ich weiß, ich müsste dieser Person verzeihen, aber im Moment habe ich nicht die Kraft dazu, deshalb bitte ich dich, es an meiner Stelle zu tun, und ich werde mich, so gut ich kann, bemühen und verzeihen, sobald ich die Kraft dazu finde." Sie können es mit eigenen Worten ausdrücken. Die Affirmation im Original ist sehr ähnlich, und Nan kennt jedes Wort auswendig. Dies ist ihre Version. Auf jeden Fall ist nicht Nan diejenige, die sich die Affirmationen und Übungen, die sie ihnen vorstellt, um ihnen zu helfen, ausgedacht hat. Das waren viele wundervolle Menschen, deren Bücher sie gelesen hat. Sie hat so viele von ihnen gelesen, dass sie nicht genau sagen kann, von wem sie sind. Wichtig ist es, zu betonen, dass sie sie nur weiter gibt. Für sie waren sie in einem Moment ihres Lebens sehr nützlich, und sie wünscht sich, dass sie allen, die sie lesen, nützlich sind.

Nan glaubt, dass ihre Schöpfer nicht böse wären, weil sie ihre ursprüngliche Güte und Liebe weiter gibt. Wenn ihr der Autor einfällt, dann wird sie ihn nennen – vielleicht bekommen sie Lust, sein Buch zu lesen.

Wir haben uns dazu entschieden, den Weg des Verzeihens zu gehen, und das ist sehr gut. Aber wie sollen wir wissen, ob es uns tatsächlich gelungen ist, ob wir bis zum Ende verziehen habe, ohne Vorbehalt, ob wir frei sind, und ob die andere Person frei ist? Wie wissen wir das? Wir wissen es deshalb, weil wir, wenn wir an alles, was uns diese Person angetan hat, wenn wir den Film zurückdrehen, keinen Schmerz und keine Bitterkeit, keine Trauer, keinen Wunsch, die Person zu töten, mehr spüren. Die Wahrheit ist, dass man verzeihen, aber nicht vergessen kann. Nan kann sich jetzt alle Kindheitsereignisse, die sie auf den vorherigen Seiten beschrieben hat, ohne Bitterkeit und Schmerz in Erinnerung rufen. Es ist ihr auch gelungen, zu verzeihen. Sobald sie verziehen hatte, öffnete sich ihr das Universum, und ihr Leben begann schnell, sich zu ändern. Es ist eine Hand voll Menschen zurückgeblieben, die sie als ihre Freunde bezeichnen kann, aber die sind viel wertvoller, als wenn sie einige zehn von ihnen hätte. Neue Gelegenheiten im Leben begannen, sich ihr zu bieten. Eine Arbeit, die sie liebt, ist zu ihrem Alltag geworden, und sie ist ihrer nie satt geworden. Es sind tief verborgene Interessen und Talente an die Oberfläche gekommen, die im Lebenskampf verloren gegangen sind, wie auch jeder Fortschritt während des Krieges stirbt. Der einfache Gedanke von den Würfeln des Lebens, die sich von alleine anordnen, ist einfach wahr geworden. Ja, glauben sie, man kann verzeihen, aber man muss nicht vergessen.

Wenn sie merken, dass sie bereit für den nächsten Schritt sind, dann machen sie eine sehr gute mentale Übung. Stellen sie in Gedanken alle Personen, denen sie etwas verzeihen müssen, auf eine hell beleuchtete Bühne,

als ob sie gerade eine Theatervorstellung gesehen hätte, nach der die Schauspieler zum Verneigen nach vorne kommen, nur dass sie diese Schauspieler gut kennen. In Nans Fall waren das ihr Vater, seine Frau (zu Nans Überraschung war es mit ihr am schwersten), der Stiefvater und einige Personen, mit denen sie damals aus irgendeinem Grund nicht redete. Jetzt, da sie sie so schön aufgestellt haben, beginnen sie, ihnen Geschenkte zu verteilen. Oh ja, Nan meint es vollkommen ernst. Verteilen sie ihnen lächelnd Geschenke, als ob sie die größten Wohltäter in ihrem Leben sind. Beobachten sie dabei ihre Gefühle und Gedanken. Sind sie verärgert, nervös, machen sie es mit Freude und Liebe, oder denken sie daran, dass es toll wäre, wenn sich im Paket eine Giftschlange befände... Nan hat das alles durchgemacht. Nach ungefähr dreihundertfünfzig Wiederholungen der Übung, hat sie am Ende die Geschenke verteilt und gelacht. Es machte wirklich Spaß. Alle schauten sie mit großer Verwunderung an, als ob sie Massenmord begehen würde, aber siehe da, sie bekamen Geschenke. Es waren natürlich keine materiellen Geschenke, obwohl sie sie visualisieren können, wie auch immer sie möchten. Vielleicht wissen sie, wer was wirklich gut gebrauchen kann, und schenken ihm mental genau das. Wichtig ist, dass sie es in keinem Fall falsch machen können. Nan schenkte Vergebung und Erlass und dadurch sich selbst und ihnen Heilung. Leben müssen geheilt werden. Sie müssen die verdiente Qualität bekommen, weiter gehen, sich seelisch und emotional entwickeln und reifen, und dass können sie nicht, wenn wir die alten Rechnungen nicht begleichen. Wir müssen zumindest versuchen, zu verzeihen, nach bestem Wissen und Gewissen.

Wenn sie etwas von der Autorin Louise Hay gelesen haben, dann werden sie bemerkt haben, dass am Ende ihres Buches eine interessante Untersuchung darüber dargestellt ist, wie unsere Emotionen physische Schmer-

zen verursachen. Nan tat einmal der linke Arm sehr weh, sie hatte oft Mastitis und, allgemein, merkwürdige Probleme mit der linken Körperhälfte. Dann fand sie bei Louise die Theorie, dass sie linke Körperhälfte das Weibliche in uns darstellt,, und die rechte das Männliche in uns. Sie weiß selbst nicht, auf welche Weise sie das verknüpft hat, aber sie dachte, dass sie einer weiblichen Person Vergebung schuldete. Sie musste nicht viel grübeln. Sie werden erraten, dass es sich um Papas Frau handelte. Nach vielen, vielen Geschenken, die sie ihr auf der hell erleuchteten Bühne verteilt hatte, begann Nan, Erleichterung und weniger Schmerzen zu spüren, bis sie endlich vollständig verschwunden waren.

Alte Leute, von deren Weisheiten man nie genug bekommt, würden sagen: Alles ist im Kopf. Und wirklich ist alles im Kopf. Gut und Böse. Der Glaube an das Gute und an das Böse. Nur, dass Nan diesen umgekehrten Glauben, die Angst, während der gesamten Zeit ihres Bestehens wie einen Rucksack auf dem Rücken trägt. Einen Rucksack, der schon ganz zerrissen und ausgeleiert war, den sie einfach nicht abwerfen und endlich durch etwas Neues, Modernes,, etwas, das ihren Rücken weniger belasten würde, ersetzen konnte. Es ist nicht so, dass sie es nicht ständig versuchen würde, aber es gelingt ihr höchstens, die eine Angst gegen eine andere auszutauschen, wie z.B.: „Oh je, die Kinder sind nicht rechtzeitig nach Hause gekommen..." Schon tauchen schwarze Szenarien auf. Sie muss sich fast selbst ohrfeigen, um aufzuhören, sich selbst zu belasten. Sind die Kinder zu Hause, und ist alles in Ordnung, dann tut jemandem etwas weh: „Oh je, was könnte das jetzt sein? Vielleicht ist es..." Wieder alle möglichen Szenarien im Kopf. Alles schlechtes Erbe, und Nan kämpft in der letzten Zeit auf besondere Weise dagegen. Morgens steht sie meistens als erste auf und kocht sich einen Kaffee. Dann setzt sie sich in Ruhe hin, rück einen Stuhl vor sich hin und ruft Jesus, um sich

neben sie zu setzen. Sie bittet Ihn, immer bei ihr und ihren Kindern zu sein, bei jedem, der Ihn braucht, dass er sie nie verlässt, dass er immer bei ihnen bleibt. Und dann hat sie viel weniger Angst, fast gar nicht mehr, denn sie wünscht sich aus ganzen Herzen, an das Gute zu glauben, und nicht an das Böse.

Nur noch eine Erklärung: Nichts passiert über Nacht. Das dürfen sie nicht erwarten. Nan brauchte Jahre, und sie glaubt, dass sie noch viel Arbeit vor sich hat. Aber das sollte sie nicht entmutigen, weil die Zeit sowieso vergehen wird, und je eher sie am Verzeihen zu arbeiten beginnen, desto besser werden sie die Zeit nutzen, die sie haben. Das Gefühl wird unglaublich gut sein. Es wird gut ausgenutzte Zeit sein. Wir alle lieben es, gut zu leben, vor allem in seelischem Frieden. Und ohne ehrliche Vergebung können sie das vergessen.

Aber vielleicht gehören sie zu der Sorte Mensch, die ihre früheren Konflikte täglich mit sich tragen und sie mit immer neuen Konflikten und Hass nähren. In der Nähe von Nans Freundin leben zwei Schwestern, Frauen in ihrem Alter. Sie sind seit längerer Zeit Großmütter. Sie sind einander Nachbarinnen. Sie reden jahrelang nicht miteinander und jedem, der ihnen zuhören möchte, er zählen sie etwas Schlechtes über die andere. Es ist eine unvorstellbare Hölle, in der sie leben. Offensichtlich sind sie sich selbst nicht bewusst, was sie tun, denn das dauert schon Jahrzehnte lang. Was das für ein Leben ist, und wie schwer es diese gequälten Seelen haben, kann nicht einmal Nan sich vorstellen, und sie hat ziemlich viel Erfahrung. Sie könnte noch viele solcher Beispiele aufzählen, dafür muss sie nicht weit gehen. Was am interessantesten ist, viele solche arme, Leid tragende Menschen gehen regelmäßig in die Kirche. Sie hören zu, hören aber nicht wirklich, was der Pfarrer ihnen erzählt, und was Gott ihnen mitteilt. Es vergeht keine Messe oder Predigt, dass nicht mindestens einmal von Verzeihen die

Rede ist. Der Sinne des Beichtsakraments ist, Erlass zu bekommen und zu versprechen, dass man nicht mehr sündigen wird. Es ist unbegreiflich, wie jemand dann mit Hass im Herzen leben kann. Das ist ihre Entscheidung. Manche Menschen begreifen es nie. Deshalb passieren ihnen immer wieder die gleichen Dinge im Leben. Sie sind in ihrer seelischen Entwicklung steckengeblieben und brauchen nur zu verzeihen, und das Leben würde sofort beginnen, zu heilen.

Wir wählen es selbst? Dabei ist gut, zu wissen, dass uns niemand zu etwas zwingt. Wir tun alles, um uns selbst zu helfen, und dann auch den Personen, die uns verletzt haben, sowie all denen, mit denen wir zukünftig in Berührung kommen werden, und für die unser Ratschlag von großem Nutzen sein wird.

Behandlung auf dem Massagetisch

Nan erlebt das oft auf der Arbeit. Viele langjährige Kundinnen sagen, dass sie für sie gleichzeitig auch Psychotherapeutin ist. Auf dem Massagetisch, wo sie mit den Schmerzen einer Person, mit ihren Spannungen und Beschwerden in Kontakt kommt, bemüht sie sich darum, dass ihre Berührungen so heilend wie möglich sind. Das Wissen darüber, was sie tut, das Kennen des Kunden und seiner Beschwerden und die Liebe zum Beruf und zu den Menschen, die gekommen sind, um Hilfe zu bekommen, ermöglicht ihr das. Beim Voranschreiten der Behandlung lassen die Spannungen und Schmerzen nach. Die Person beginnt, sich besser zu fühlen, und nicht selten fängt sie an, über ein intimes Problem zu reden. Das Leben setzt ihnen üblicherweise Menschen mit ähnlicher Weltanschauung vor, so dass sie im Nu Vertrauen zu jemand aufbauen, der über Glauben, Politik, Männer und andere Fragen ähnlich denkt, wie sie selbst. Am Ende gehen sie zufrieden und ausgefüllt mit positiver Energie. Sie sa-

gen, dass sie von außen und innen wie neu sind. Nan hat
das Vertrauen ihrer Kunden nie verraten. Sie wissen und
schätzen das. Sie hat drei Massageschulen absolviert, und
in keiner von ihnen wird den Leuten beigebracht, wie man
Vertrauen und ein herzliches Verhältnis mit den Kunden
aufbaut. Am leichtesten vertrauen sich Menschen an, die
das erste Mal da sind. Sie vertrauen ihre Sorgen leichter
einem Fremden an. Später, wenn wir uns besser kennenlernen, dann spielt sich alles auf freundschaftlicher Basis
ab. Manchmal kommen die Kunden sehr niedergeschla-
gen zu ihr. Sie hat vielleicht selbst keinen guten Tag, aber
sie findet immer die Kraft für ein nettes und tröstendes
Wort. Sie ist sich immer in einer hintersten Ecke ihres
Geistes bewusst, wie sehr sie selbst im Leben sich Lob,
Trost und nette Worte wünschte.

Man muss sehr vorsichtig sein mit solchen Dingen.
Man darf es sich keinesfalls erlauben, dass die Sorgen
eines anderen Menschen einen selbst voll einnehmen,
dass sie zu sehr auf das eigene Leben Einfluss nehmen.
Helfen sie von Herzen, so gut sie können, aber schützen
sie immer sich selbst. Das ist keine Frage des Egoismus,
sondern der Existenz. Manche Menschen können bewusst
und manche unbewusst so viel Energie aus uns saugen,
dass wir uns nach der Interaktion mit ihnen vollkommen
erschöpft fühlen. Eine wundervolle Frau, die wohltätige
Arbeit macht, erzählte Nan bei einer Gelegenheit, dass
sie nach der Arbeit mit einem ihrer Kollegen am Ende
des Tages jedes Mal eine Menstruationsblutung bekam,
obwohl ihr Zyklus noch nicht so weit war. Als sie aufhörte, mit ihm zu arbeiten, hörten auch die Blutungen
auf. Sie waren wahrscheinlich mindestens einmal in der
Situation, dass sie sich nach dem Gespräch mit jemandem so elend und ausgelaugt gefühlt haben, ohne den
wahren Grund dafür zu kennen. Sie bemerken es, wenn
manche Leute sie regelmäßig ermüden, und sie müssen
sich zu schützen wissen vor dem Diebstahl ihrer Ener-

gie. Das machen diejenigen, die nicht wissen oder nicht verstehen, dass das Universum genug Energie für ihre Bedürfnisse bereit hält, und zwar mehr als sie brauchen, und die sie dann aus anderen ziehen. Manche (im Grunde die meisten) tun das unbewusst, andere dagegen sehr wohl mit Absicht. In den Anfängen von Nans Karriere kam eine ältere Frau zu ihr. Nan erholte sich nach ihrer Behandlung mindestens zwei Tage lang. Ihr ganzer Körper tat weh. Die Frau wollte sich einfach nicht entspannen. Sie hatte sehr feste Muskeln, so dass Nan sich mit ihr ziemlich quälte. Am schlimmsten aber war das Gefühl der inneren Leere. Sie fühlte sich leer wie eine leere Muschelschale. Nan wandte sich an einen Freund, der ein Alternativer war. Er war Yoga- und Reiki-Lehrer. Er sagte ihr, wie sie sich mit einfachen Übungen schützen konnte, und Nan wird ihnen jetzt auch dieses kleine Geheimnis preisgeben. Am besten macht man gleich morgens die Bewegung, als ob man den Reißverschluss an einer langen Jacke öffnen würde. Beginnen sie unter dem Bauchnabel und enden sie unter dem Kinn. Schließen sie ihren vorderen Meridian so, dass nichts hereinkommen kann. Dabei visualisieren sie, wie sie die Hülle schließen. Das ist sehr wirkungsvoll. Bevor sie zum Kaffee gehen oder sich mit einem Energie-Dieb treffen, schließen sie um sich herum einen Kreis aus Spiegeln, die nach außen hin gerichtet sind. Alles Hässliche, was die Person ihnen schickt, wird ihr mehrfach zurückgegeben.

Als Nan begann, sich so zu schützen, hörte ihre Kundin auf, zu den Behandlungen zu kommen. Sie kam nie wieder. Nan war für sie nicht mehr von Nutzen. Sie konnte sie nicht mehr aussaugen. Nan bereute es keine Sekunde lang, denn eine solche Reaktion gab ihr nur zu wissen, dass die Frau ihr absichtlich ihre Energie stahl. Auf diese Weise werden einige Menschen von alleine aus ihrem Leben verschwinden. Schicken sie ihnen jeden Segen, den Gott für sie bereithält, und bereuen sie nichts.

Für sie ist das das größte Gut.

Vielleicht haben sie irgendwo zwischen diesen Zeilen eine Antwort auf die Frage gefunden, die Nan in der letzten Zeit oft hört. Wie kommt es, dass sie einen so schlechten Anfang (Kindheit) hatte, und trotzdem immer lächelt und gut gelaunt ist? Hier die Antwort.

Nan denkt ohne Bitterkeit an ihre Kindheit

Nan bemüht sich darum, denen zu vergeben, die sie in der Vergangenheit gequält haben, nichts im Heute übel zu nehmen und sich Harmonie und Frieden in der Zukunft vorzustellen. Vor allem aber wiederholt sie sich jeden Tag, dass sie alles, nur nicht perfekt ist, und dass sie noch viele Fehler machen wird, dass das alles aber Teil des lebenslangen Lernens ist. Toleranz gegenüber den eigenen Fehlern macht uns tolerant in Bezug auf die Fehler anderer, weil wir begreifen, dass auch sie lernen. Nan hat es bereits erwähnt – Lernen ist Arbeit, und wer arbeitet, der macht, normal, auch Fehler. Um andere lieben zu können, müssen wir zuallererst uns selbst akzeptieren und lieben lernen. Damit uns das gelingen kann, müssen wir uns viele Fehler selbst verzeihen.

Wenn wir uns selbst sagen, was wir uns so sehr übelnehmen, und es auf Papier schreiben, werden wir am Ende einen Lachanfall bekommen. Worauf verschwenden wir unser Leben? Was auch immer es ist, die Nichtakzeptanz des eigenen Aussehen, weit zurückliegende Konflikte, Streit, weiß Gott was..., wir müssen uns vergeben. Wir müssen das lieben lernen, was wir sind, es pflegen, und wir werden wie ein Kaktus in der Wüste aufblühen, mit wunderschönen und seltenen Blühten. Senden wir allen um uns herum schöne Gedanken und beobachten die Reaktion. Wunder sind absolut möglich!

Nach viel Bemühung und Arbeit an sich, nach vielen Gebeten zu Gott, ihr so viel Geduld zu geben, wie er es für sie für nötig hält, und dann das Dreifache davon, nach viel Schmerz und Tränen, kann Nan endlich ohne Bitterkeit über ihre Kindheit nachdenken. Endlich hat sie aufgehört, sich selbst zu bemitleiden, und hat die Gnade der Vergebung gegenüber anderen und sich selbst angenommen. Während sie dies spricht, muss sie manchmal sogar lachen. Aber als die Ereignisse frisch waren, war ihr kein bisschen zum Lachen zumute. Das einzige, was immer noch ab und zu passiert, das passiert in ihren Träumen. Sie träumt von ihrem Stiefvater, dass er sie schlagen möchte. Gerade letzte Nacht (11. April 2012) träumte sie, dass er sie wegen des Geldes angreift. Sie ist zwölf Jahre alt und sagt zu ihm: „Was soll ich mit deinem Geld, wenn ich doppelt so viel wie du verdiene?" Die Vergangenheit hat sich mit der Gegenwart vermischt. Er ist jetzt Rentner, und sie eine erfolgreiche Selbständige. Natürlich verdient sie mehr als er. Allerdings hat im Traum die Selbständige, die sich absolut bewusst ist, dass sie Geld verdient, das Antlitz eines zwölfjährigen Mädchens.

Am häufigsten jedoch träumt sie die Treppe, die zum zweiten Obergeschoss der alten Villa gegenüber dem Busbahnhof führt, an die sie die frühesten Erinnerungen binden. Sie schaut immer, ob das Fenster beleuchtet ist. Wenn ja, dann spürt sie selbst im Traum Angst und Übelkeit und wacht dann zum Glück auf. Sobald sie begreift, dass es nur ein Traum war, umarmt sie mit Liebe und Dankbarkeit das wundervolle Kind, das neben ihr atmet, küsst es, und spürt voller Glück, wie die kleinen Händchen sie umarmen. Dann schläft sie mit Freudentränen in den Augen wieder ein. Es war es wert. Das alles war es wert. Denn das Gefühl, wenn Herrlichkeit in Wellen durch den ganzen Körper strömt, die Wärme beim Anblick der eigenen Kinder, dieses Gefühl der Dankbarkeit an Gott und das Universum, vielleicht hätte

sie das nie so intensiv durchleben können, wenn nicht gewesen wäre, was gewesen ist. Vielleicht war es eine Schule des Lebens, die es ihr ermöglicht hat, anders zu fühlen als andere Menschen. Nicht besser, nicht wertvoller, einfach nur anders, ganz anders.

Deshalb – willkommen, ihr kleinen Albträume! Sie weiß, dass ihr nicht echt seid, deshalb ängstigt ihr sie nicht. Und doch seid ihr echt genug, um sie daran zu erinnern, was an erster Stelle im Leben ist, was Priorität hat, falls sie es je vergessen sollte. Alles andere kann warten.

Da sie schon die eigenen Kinder erwähnt hat, möchte sie auch über die Elternrolle reden, insbesondere über die angelernten Stereotype, die sie als Mutter eigentlich sehr stören. Als erstes stört es sie immens, wenn als Ausdruck ohne Kriterium für alle möglichen und unmöglichen Situationen der Begriff häusliche Erziehung verwendet wird. Was versteht man darunter? Wenn sie zwei oder mehr Kinder haben, und wenn sie eine normale Mutter oder ein normaler Vater sind, die oder der keine körperliche Gewalt und keine andauernde Bestrafung für jede Kleinigkeit als Erziehungsmethode anwendet, dann werden viele Dinge sie stören. Es ist normal in der Familie, dass alle Kinder die gleichen Anweisungen, Ratschläge, die gleiche Erziehung bekommen. Ein Kind wird kommunikativ, redselig sein, laut die Nachbarn und Bekannten begrüßen. Das andere wird das nicht tun. Weil es schüchtern oder verwirrt ist, oder, wer weiß, weil es das nicht für wichtig hält. Obwohl sie ihm sagen, dass es grüßen muss, macht es das leise, fast unhörbar... Ist das schlechte häusliche Erziehung? Oder – das eine lernt sehr gut, hat ohne Probleme alles Einsen, und das andere hat eine gute Zwei. Sie haben die gleichen Bedingungen, die Intelligenz ist nicht fraglich, das Erinnerungsvermögen auch nicht. „Du erziehst schlecht!", sagte eine dumme Frau... Nan hat natürlich getobt. Beide haben die gleichen Mahlzeiten. Wir alle essen das gleiche – der eine findet es sehr gut,

der andere sagt, dass er sich davon übergeben muss. Wir erziehen sie also sehr schlecht, nicht wahr? Als Mutter oder Vater ermöglichen sie ihnen alles, was sie können, und das Kind wird, Gott behüte, zu einem Problem, ein Dieb, ein Krimineller... Sind wir Eltern wirklich immer an allem schuld? Nach alledem, was und wie sie es ihren Kindern bietet, wie sehr sie sich bemüht, alles von sich gibt, wäre es ihr nicht egal, wenn sie vom Weg abkommen würden. Wem wäre es schon egal? Aber sie würde nie akzeptieren, dass sie für alles die Schuld trägt. Sie hat ihnen das nicht beigebracht. Es sind nicht nur die Eltern, die den Charakter des Kindes formen. Informationen von allen Seiten füllen ihre Tabula rasa. In der Schule, in der Kirche, in den Familien von Freunden, überall. Was am Ende überwiegt, warum das eine total gut ausfällt, und das andere total schlecht, dafür sind viele Faktoren verantwortlich, nicht nur die famose häusliche Erziehung. Deshalb ärgert sie sich sehr, wenn man ihr sagt, dass sie ihre Kinder nicht gut erzieht. Besonders deshalb, weil sie sie fast nie und für nichts bestraft. Sie regeln alles durch Gespräche und Ratschläge. Manchmal mehr und manchmal weniger erfolgreich. Zum Beispiel muss man auch die Pubertät berücksichtigen, eine unerklärliche Nervosität, die sie durch den Ansturm der Hormone empfinden, vor allem dann, wenn man sie wegen etwas kritisiert. Sie gibt sich immer Mühe, den Ton ihrer Stimme und die Auswahl der Wörter anzupassen, aber wenn sie wirklich gerechtfertigt wütend ist, dann lässt sie sie das auch spüren. Sie stimmt zu, dass sie lernen müssen. Sie tut zu viel an ihrer Stelle, und das ist nicht gut für sie, aber sie lehrt sie nichts Schlechtes. In der Familie wird kein Hass toleriert, und zwar niemandem gegenüber, keiner Rasse, keiner Nation. Hier ist Nan sehr streng und erträgt es nicht, wenn andere dafür beleidigt werden, weil sie eins sind, und nicht das andere. Das wissen ihre Kinder sehr gut. Vielleicht erscheint ihre Erziehungsmethode jeman-

dem als unangemessen, aber sie ist viel schwieriger, als wenn sie das Kind verhauen, und dann haben sie ein paar Tage Ruhe. Ihre Art erfordert viele Gebete um Geduld: Gott, gib mir so viel Geduld, wie du für notwendig hältst, und dann dreimal so viel. Ihre Kinder sind gute Kinder. Sie lernen gut, sie wachsen in Liebe auf, und sie hofft, dass sie sich zu guten, ehrlichen und erfolgreichen Erwachsenen entwickeln werden, mit möglichst wenigen, unverarbeiteten emotionalen Lasten, die ihnen das Leben schwer machen könnten. Genau das ist es, was uns am Fortschritt und an der Heilung hindert – angesammelte Frustrationen und verschiedene emotionale Taschen, voll mit schweren und schlechten Andenken und Erinnerungen. Je weniger wir aus der Kindheit mit uns schleppen, desto besser. Natürlich sind gute Andenken und glückliche Erinnerungen immer willkommen.

Es tut ihr leid, dass sich in den Schulen nicht mehr um solche Dinge gekümmert wird, weil die zuständigen Personen denken, dass durch Einführung der obligatorischen Psychologen das ganze Problem gelöst ist. Es ist nicht böse gemeint, aber die Qualität der Schulpsychologen ist oft diskutabel. Sie führen Umfragen durch, die sie bei Elternabenden regelmäßig servieren, mit kein bisschen erfreulichen Kommentaren. Es wurde eine Umfrage durchgeführt zum Thema Lieblingsessen für die Kinder der fünften Klassen. Nur ein Kind hat geschrieben, dass es am liebsten Lauchsuppe ist. Die meisten hätten lieber Pizza, unter ihnen auch Nans Sohn. In ihrem Kommentar schlussfolgerte die Psychologin, dass ein Kind, das am liebsten Pizza essen würde, offensichtlich nie etwas Hausgemachtes gegessen hat. Sie stand auf und sagte zu ihr, sie solle keinen Unsinn reden, woraufhin die Psychologin sie verwundert angeschaut hat. „Sie haben nicht gesehen, was bei uns zu Hause gekocht wird. Und sie haben das Kind nicht gefragt, was es isst, sondern nur, was seine Lieblingsspeise ist, und eine solche Antwort haben

sie auch bekommen. Selbst Pizza ist, wenn man sie zu Hause macht, alles nur kein Fastfood. Sie erfordert einen Prozess, der länger dauert, als wenn z.B. Lauchsuppe gekocht wird, was sie scheinbar nie versucht haben." Für Nan sind Schulpsychologen jemand, der eine bestimmte Dosis an Zweifeln hervorruft. In den Schulen würde sie lieber sehen, was sie vor ein paar Jahren in der Sendung Guten Morgen, Kroatien gesehen hat: Eine junge Lehrerin wiederholt mit ihrem Schülern jeden Morgen vor dem Unterricht Affirmationen. Durch die Lehrerin inspiriert, hat sie selbst etwas Ähnliches verfasst und mit ihren Kindern wiederholt, morgens und abends. Nach einiger Zeit sagte ihr Sohn zu ihr, dass er sie nicht mehr wiederholen möchte, also wollte sie es ihm nicht aufzwingen. Ihre Tochter wollte es, und sie haben es weiter gemacht, bis spontan kein Bedürfnis mehr da war. Die Affirmationen verfasste Nan selbst, deshalb gibt sie sie ihnen in Gänze weiter. Teile sind von bereits bestehenden, ähnlichen Affirmationen abgeschrieben.

DA, ES FÄNGT NOCH EIN WUNDERSCHÖNER TAG AN.

In der Unbegrenztheit des Lebens ist dort, wo ich bin, alles perfekt, ganz und fertig. Die göttliche Liebe erfüllt, heilt mich und führt mich durch das Leben. Ich nehme mit Dankbarkeit alles Gute an, was das Universum mir gibt. Ich bin ausgeglichen, geduldig, gewaltfrei und konzentriert. Meine Erinnerung ist perfekt. Ich bin gut und würde niemals jemanden verletzen. Ich bin gesund und immer zur richtigen Zeit am richtigen Ort. Ich lebe in Glück und Wohlstand. Ich liebe, wer ich bin, alles, was ich mache, und ich bin in allem erfolgreich. Die göttliche Liebe segnet alles, was mit mir zu tun hat. Auf meinem Weg treffe ich nur Liebe, Freude und alles Gute an. Alles ist gut in meiner Welt.

Das ist die Affirmation für den guten Tag. Es soll alles gut in ihrer Welt sein. Sie sind noch klein und haben

Zeit, die hässlichen Dinge zu begreifen, die in der Welt vor sich gehen, nicht wahr? Das ist die Affirmation für den Abend:

ICH DANKE DIR, GOTT, FÜR DEN WUNDER-SCHÖNEN TAG, DER HINTER MIR IST.

Schenke mit Deine Liebe und Deinen göttlichen Frieden, damit ich ruhig und glücklich schlafen kann und am Morgen voller Liebe, Geduld und schönster Gefühle für meine Familie und für die ganze Welt aufwache. Segne meine Träume, erfülle mich mit dem Licht Deiner Liebe, damit ich morgen früh dieses wundervolle Licht und diesen guten Willen allen gegenüber ausstrahle. Danke für alles Gute, was Du mir gibst, Herr.

Nan wäre mehr als begeistert, wenn die Kinder in der Schule ihren Tag auf diese Weise beginnen würden, und wenn ihre frühesten Erinnerungen mit Liebe für alle ausgefüllt wären. Das wäre ein großer Beitrag im Kampf gegen die Gewalt unter Kindern und Jugendlichen, weil ihnen von klein auf Muster eingetrichtert würden, dass sie im Grunde nicht gewalttätig sein wollen. Sie glaubt, dass sich durch Anwendung dieser einfachen, immer aktuellen Wahrheiten viele Schicksale ändern würden.

Sie bedankt sich bei allen wundervollen Menschen, den lebenden und denen, die vor langer Zeit von uns gegangen sind, die sich die Mühe gemacht haben, tolle, geistig anregende Bücher zu schreiben, die voller Lebenswahrheiten sind und Generationen von Lesern allzeit helfen, auch Jahrzehnte nach ihrem Tod. Eine unter ihnen ist Florance Scowel Shinn. Ihre tollen Büchlein bewahrt sie fast unter ihrem Kopfkissen auf. Sie zeigen und lehren uns wie sehr uns ein bisschen Glauben an das Gute helfen kann.

Von der „erziehenden"
Disziplin des Schreiens

Nan möchte auf eine „erziehende" Disziplin einge-
hen, die allgemein in Gebrauch ist, und die als Schreien
oder Brüllen bezeichnet wird. Der beste Teil ihrer Erinnerungen bezieht sich auf das Gebrüll, von dem es so viel
gab, dass es im Grunde ein Wunder war, wenn ein Tag
verging, ohne dass der liebe Stiefvater wegen irgendetwas tobte und so laut brüllte, dass ihn sogar die Nachbarn
hörten, die nicht gerade zu nah wohnten. Einmal ist die
Uhr vom alten Fernseher infolge der Lautstärke seines
Gebrülls herunter gefallen. Sie fragte sich in einem Moment, als klar war, dass Trubel bevorstand, ob sie lieber
hätte, dass er sie anbrüllt oder schlägt. Erschreckend
war die Erkenntnis, dass sie leichter Ohrfeigen als seine
hervorquellenden Augen, während er brülle und ihm die
Spucke aus dem Mund in alle Richtungen spritzte, ertragen hätte. Irgendwie verletzte es sie später im Leben immer, wenn jemand den Ton beim Sprechen erhob. Sofort
wurde ihr der Boden unter den Füßen weggerissen, sie
hatte kein Selbstbewusstsein mehr – als ob ein Schlag
folgen würde. Sie verhielt sich verteidigend – aggressiv – und bemühte sich, die schreiende Person zu verletzen. Am schwersten war es, als sie mit zwanzig anfing,
in einem Unternehmen zu arbeiten, in dem alle möglichen Intrigen und Tratsch Routine waren. Für sie, die sie
eine solche Vielzahl von Menschen täglich nicht um sich
herum gewohnt war, war der Umstand, dass bei jedem
Schritt jemand ihren privaten Raum verletzte, nahezu
unerträglich. Das war ebenfalls eine Schule des Lebens.
Eine der gelernten Lektionen war: „Siehst du, wie es ist,
mit Qualen zur Arbeit zu gehen, und das, was du tust,
zu hassen, die Arbeit nicht zu mögen, ebenso wenig wie
die Atmosphäre und einige Leute". Sie lernte, wie es ist,

etwas zu arbeiten, was man nicht mag, und mit Leuten zu arbeiten, die man nicht gern hat. Das half ihr wesentlich dabei, die Situation, die sie heute hat, zu genießen.

Sie war neulich bei Bekannten, und die Frau stellte ihr ein Glas Saft auf die Glasfläche des Tisches. Es kam ein süßer, kleiner Knirps angerannt, nahm das Glas mit beiden Händen, trank ein wenig ab und wartete auf ihre Reaktion. Er legte das Glas ein bisschen ungeschickt ab, so dass es leicht auf den Glastisch stieß. Ein wenig Saft floss auf den Tisch. Sie wollte ihn kitzeln und sich einen Spaß mit ihm machen, aber die Mutter begann, laut zu schreien, fast hysterisch. Das Kind wusste nicht, was es tun sollte. In seiner Verzweiflung floh es in die Ecke und begann, mit dem Kopf an die Wand zu schlagen. Es war schrecklich. Die Mutter begann wieder, zu schreien: „Siehst du, was er macht?" Nan ging zum Kind, nahm es in den Schoß, wischte seine Tränen ab und sagte zu ihm: „Komm, trink noch ein bisschen Saft! Deine Mama hat zu viel davon gemacht. Ich werde ihn nicht alleine trinken können." Er trank ein wenig ab, und sie begann, ihn zu kitzeln. Bald lachte der Junge. Sie sagte ihrer Freundin, sie solle das Kind nicht anschreiben. Das ist so schwer, zu ertragen und zu vergessen. Es ist nicht wichtig, dass er ein bisschen Saft verschüttet hat. Haben wir nicht alle mal etwas verschüttet, zerbrochen, selbst im Erwachsenenalter, geschweige denn als Kind? Vielleicht sollten die neuen Generationen der Kinder mit einer Art Gebrauchsanleitung auf die Welt kommen, bis sie sprechen lernen. „Hallo, ich bin dein Kind. Es ist mein Recht und deine Aufgabe, mich zu lieben, mich zu lehren und das ganze Leben lang zu unterstützen. Ich spreche noch nicht, aber wenn ich weine, dann heißt das nicht, dass ich unartig oder unmöglich bin. Vielleicht habe ich Fieber, oder ich zahne, vielleicht bin ich hungrig oder durstig, habe Krämpfe, eine volle Windel – es gibt hunderte Optionen. Ich bin nicht unartig! Wenn ich mich schmutzig

oder nass mache, wenn ich etwas kaputt mache, dann tue ich das nicht absichtlich, sondern ich erkunde die Welt um mich herum und lerne. Ihr habt das auch gemacht, als ihr klein wart. Nur habt ihr es vergessen. Schreie mich nicht an. Das macht mich wütend, unsicher und hilflos. Lach mit mir, liebe mich, lerne mit mir – ich habe nicht das Gehirn eines Erwachsenen, um alles sofort begreifen zu können. Ich lerne langsam. Darum dauert die Kindheit ja ungefähr fünfzehn Jahre, du Idiot!" Dass müsste die Grundanleitung für Mütter und Väter wie die Bekannten von Nan sein, die denken, dass ein Kind eine erwachsene Person ist, und dass es sich immer und in jeder Situation unter Kontrolle hat. Es hätte genügt, wenn sie den Film zurückgespult und sich an sich selbst erinnert hätten, als sie Kinder gewesen sind. Wenn sie die Szene erkennen, in der ihre Eltern sie anschreien, dann sollen sie daran denken, wie sie sich in diesem Moment gefühlt haben. Das ist die richtige Gelegenheit, sich dieses Gefühl ins Bewusstsein zu holen, aus dem verhexten Kreis der Emotionen zu fliehen und sich vollkommen bewusst dafür zu entscheiden, dass sie diesen Fehler bei ihrem Kind nicht machen möchten. Wir lernen durch das ganze Leben und sollten nicht alle gut gemeinten Ratschläge ablehnen. Wenn wir für immer in unseren eigenen Gefühlen verstrickt bleiben und dem Bewusstsein nicht erlauben, an die Oberfläche zu kommen, dann werden wir für immer unglücklich sein, und es wird nicht gut sein. Alle Menschen, die Böses tun, sind tief unglücklich. Nan hat nie gehört, dass eine glückliche und zufriedene Person böse ist, dass sie Böses tut. Auch ihr Stiefvater ist tief unglücklich, aber es gibt einen Ausweg. Er hätte einsehen müssen, dass er allen um sich herum Böses antut. Dennoch hat er sich niemals auch nur ein bisschen bemüht, etwas Gutes zu tun, zumindest zu versuchen, sich zu ändern, zu versuchen, vom Tisch mit dem guten und schlechten Angebot etwas Besseres, etwas Gutes zu wählen. Nein, er

genoss ihre Angst und ihren Schmerz nährte sich seelisch davon. Sie hat nie die ganze Widersprüchlichkeit seines Charakters begriffen. Es sah immer so aus, als wüsste er alles, und dass er alles irgendwie herausbekommen würde. Sie konnten nichts vor ihm verstecken. Sie hatten Angst vor dem eigenen Schatten. Auf der anderen Seite unterlag er mehrmals kindlicher Schlauheit, und es zeigte sich, dass er eigentlich total dumm ist. So kann sie sich z.B. gut an den Fall mit der zerbrochenen Deckenlampe erinnern. Diese Erinnerung ist belustigend, weil das ein brillant gewonnener Kampf war.

Im Fernsehen lief die Übertagung eines Fußball-spiels. Nan feuerte Dinamo an. In der Euphorie des Mit-fieberns sprang sie heftig vom Stuhl im Wohnzimmer auf und stieß mit dem Kopf an die Deckenlampe, die ziemlich niedrig über dem Tisch hing. Herrje, sie weiß überhaupt nicht, wie das passiert ist, aber die Freude we-gen Dinamos Sieg schwand plötzlich, und sie sah schon die dicke Portion Prügel mit dem Gürtel auf den nack-ten Hintern vor Augen. Sie hat keine Ahnung, was sie in dem Moment inspiriert hat, aber sie entschied sich dafür, die Taktik zu ändern. Eine Umdrehung um tausend Grad. Anstatt sich ihrer Mama anzuvertrauen, was den Lauf der Dinge nicht viel beeinflusst hätte, außer, dass auch sie ein paar Ohrfeigen bekommen hätte, beschloss Nan, sich ihm, ihrem Peiniger, anzuvertrauen. Sie sagte ihm, was passiert war, und bat ihn, sie irgendwie „vor Mama zu schützen". Sie weiß noch genau, wie er nur missbilli-gend den Kopf schüttelte. Aber es gab keine Prügel! Un-glaublich! Mama kommentierte die Sache nicht weiter. Sie Situation beruhigte sich, und Nan konnte wenigstens kurz den Sieg der Intelligenz über die grobe Gewalt feiern. Die Kraft des Holzblocks ist gut (lies – schlägt die Kinder), aber der Verstand siegt (lies – du hast ver-loren, du Schwachkopf). Sie genießt auf unverschämte Weise diesen Vorfall noch heute. Er war so süß, wie ein

Keks, den sie sich sehnlichst gewünscht haben, weil sie ihn lange nicht gegessen haben.

Und so ging es tagaus, tagein. So, wie die Menschen einst auf das Ende des Krieges warteten haben, so wartete Nan auf das Ende dieses grausamen, gemeinsamen und, wie es ihr manchmal vorkam, unnatürlichen Lebens. Sie bemerkte die Lebensfreude um sich immer öfter. Immer mehr Sonnenschein fiel in ihr Zimmer, das voller Ängste, Unruhe und Albträume war. Alles begann, sich zu verändern und zu wachsen. Als Mama und sie endlich gingen, fing sie an, fest zu schlafen, ohne Träume, und der Heilungsprozess begann... Allerdings verschwanden die Erinnerungen nirgendwohin. Manche Geräusche, Farben, Formen, Gerüche riefen alte Erinnerungen hervor, meistens aber war es Vogelgesang.

Von der Stadt und den Vögeln

Die städtischen Vögel liebte sie immer am meisten, die, die in ihrer kleinen Stadt lebten. Man sieht sie fast nicht, aber dafür hört man sie umso mehr. Sie nennt sie die „städtischen Vögel", weil sie immer auf ihre Weise ihr Leben in der Stadt prägten, bis zur Rückkehr in dieselbe Stadt, wo sie sie wieder auf die gleiche Weise mit ihrem wundervollen Gesang erwarteten und in ihrer Brust eine bestimmte Melancholie und Trauer wegen der vorbeigeeilten Kindheit weckten. Auf dem Land schien sie nie Vogelgesang zu hören. Ob die Psyche mit anderen Dingen überbelastet und die kindliche Seele voller Ungewissheit am Tag und in der Nacht war? Sie konnte vielleicht erst bei den einsamen, seltenen Fluchten in den nahe gelegenen Wald ein kleines Stück Frieden, Stille, der Schönheit einer Waldblume und des Gesangs von hunderten kleiner Vögel mit vollen Atemzügen genießen.

Die Rückkehr in die Stadt brachte ihr zuerst die Turteltauben. Zu süße kleine Vögel, so hübsch in ihren Grau-

Nuancen und mit der eleganten, dünnen, schwarzen Linie um den sanften Hals herum. Ihr sehnsuchtsvoller Ruf! Sobald sie sie zum ersten Mal hörte, kam ihr das Bild des alten Busbahnhofs und der alten, vernachlässigten Eisdiele „Kod Šabana" in den Sinn. Sie rannten immer dorthin, um sich eine Kugel Eis zu kaufen, sobald sich auf wundersame Weise in ihrer kleinen, verschwitzten Hand eine Münze von einem halben Dinar wiederfand. Natürlich wurde der Busbahnhof umgebaut, und die Eisdiele Kod Šabana gibt es schon lange nicht mehr, aber was bleibt, ist das Grübeln über die Verbindung zwischen dem Vogelgesang und dem Bild, die die Gedanken zu Ereignissen und Menschen aus der Vergangenheit führt.

Nan liebt ihre Geburtsstadt sehr, und sie ist sehr stolz darauf, wie sie aussieht, obwohl das Leben in der Zivilisation auch viele schlechte Dinge mit sich bringt. Sie liebt den großen und den kleinen Stadtpark, sie liebt die Art, auf die sie gestaltet sind. Manchmal, wenn sie im Vorbeigehen Kommentare hört, das dies oder jenes an anderen Orten wunderschön ist, dann möchte sie am liebsten laut ausrufen: „Hallo, schaut euch nur mal um, Leute!" Der alte Kern mit seinen theresianischen Palästen, in denen heute verschiedene Institutionen untergebracht sind, ist sehr gut erhalten und restauriert. Es ist ein Genuss, den Korso entlang zu spazieren, besonders zur Weihnachtszeit, wenn überall die traditionellen Lämpchen leuchten und ihnen hinter fast jedem Schaufenster oder Fenster fröhliche Feiertage wünschen. Schlechte Dinge sind präsent, nicht wahr? In jeder Stadt? Zu viele Autos fahren durch das Stadtzentrum. Hätte sie nur für fünf Minuten die Macht, würde sie einzig und allein den Verkehr so regeln, dass es um den Altstadtkern keine Autos und Motorräder gäbe. Fußgänger und Radfahrer könnten es genießen. Wir werden doch nicht mit Autos in die Läden gehen?!

Schlecht ist, dass es den Anschein hat, als hätten die

Ordnungshüter freitags und samstags abends frei. Und zwar schon seit Jahren. Wenn sie sonntags morgens durch die Stadt laufen, dann werden sie den zerbrochenen Flaschen und spitzen Gegenstände kaum aus dem Weg gehen können, die ihnen die Radreifen durchbohren können, oder an denen sich kleine Kinder ernsthaft verletzen können. Besonders viele zerbrochene Flaschen gibt es auf Kinderspielplätzen. Darüber ärgerte sie sich immer sehr, als ihre Kinder klein waren. Und seitdem hat sich gar nichts verändert.

Nan liebt ihre Stadt aber auch weiter. Bei einer Gelegenheit war sie besonders stolz. Ein Ehepaar aus Zagreb hielt einen Vortrag zum Thema Alternativen. Sie kamen am Abend zuvor und schliefen beim Organisator, und zu Beginn ihres Vortrags konnten sie ihre Begeisterung über die städtischen Vögel nicht verbergen. Sie sagten, dass sie schon lange nicht so viele Vögel gehört hätten, und sie wüssten nicht, ob es schöner war, einzuschlafen oder aufzuwachen. Sie betonten auch, dass wir eigentlich unglaublich glücklich sein können. Nan war stolz.

Sie möchte aber auch konstatieren, dass sie in der letzten Zeit ihre alten Freundinnen, die Turteltauben, nicht mehr so häufig hört. Früher konnte man sie am Frühlingsanfang und im Herbst hören. Im Sommer sind sie nicht da. Sie verstecken sich vor der Hitze und der Schwüle. Jetzt sind neben den alt angesessenen Spatzen auch Nachtigallen hinzugezogen. Der liebliche Gesang breitet sich schon um fünf Uhr morgens aus. Wunderschön! Sie begrüßen die Sonne bei ihrem Aufgang und bei ihrem Untergang. Im Gesang der Nachtigallen hört man pure Lebenslust. Für Nan symbolisieren sie den Glauben in ein besseres Heute, weil sie sie morgens voller Lebenslust wecken, und sie dann nicht anders kann, als zu glauben, dass ihr der wundervollste Tag der Welt bevorsteht.

Nan liebt ihre kleine Stadt, den Korso und den Spring-

brunnen, die Kirchen, Cafés, Autos und Fahrräder, die Parks und die Vögelchen. Wenn sie von einem längeren Urlaub nach Hause kommt, dann geht sie erst einmal in die Stadtbibliothek, um alle Bücher zurückzugeben, die sie ihr großzügig und vielzähliger als erlaubt geliehen haben, damit sie den Urlaub noch mehr genießen kann. Beim Betreten des tollen Gebäudes spürt sie, dass sie eigentlich nicht nur bei sich, in ihrem Heim, zu Hause ist. Sie ist auch in ihrer Bücherei und in ihrem Park, bei Kaufland, im Café und in der Kirche zu Hause. Nan ist in ihrer Stadt – zu Hause. Das ist ihre Geburtsstadt. Es ist nicht viel, aber für sie alles auf der Welt.

Und bevor sie beginnen, alle Weltschönheiten zu loben, die sie gesehen haben, oder das zu bemängeln, was sein könnte, aber nicht ist, drehen sie sich um die eigene Achse und stellen sich die Frage, ob es möglich ist, dass sie vor lauter Bäumen den Wald nicht sehen. Schauen sie sich ihren Park und ihren Springbrunnen an. Sind sie nicht wirklich schön? Schauen sie die Frau neben sich an: „Ist sie denn so schlecht? Hab ich nicht auch dazu beigetragen?" Schauen sie das Kind neben sich an: „Ist er wirklich ein so schlechter Schüler, oder kann ich ihm auf irgendeine Weise helfen?" Alles hängt davon ab, wie sie die Dinge sehen, welche Gedanken sie aus denen wählen, die ihr Verstand ihnen anbietet, und ob das Glas halb voll oder halb leer ist. Es hängt alles von ihnen ab. Alles Glück und Unglück hängt von ihnen ab. Wir wählen es immer selbst. Wählen wir das Beste, was wir können, für unsere Kinder und für alle Kinder, die wir bisher kennengelernt haben und noch kennenlernen werden. Wählen wir die Liebe. Das ist es, was sie aus der morgendlichen und abendlichen Ode der Nachtigallen an die Sonne heraushört. Das ist es, was sie aus dem Gurren der grauen Turteltauben heraushört: Liebe für die ganze Welt und Lebensfreude, die unsere Seele nährt und ihr Kraft zum Aushalten gibt. Wissen sie, wir sind nicht allein. Es gibt

viele gute Menschen auf dieser Welt. Das sind Menschen, die die Botschaft des Universums begriffen haben, dass alles um ein Vielfaches zu einem zurückkommt, Gut und Böse. „Wie man sät, so erntet man", sagten unsere Vorfahren, und sie waren nicht im Unrecht.

Wenn Nan schon von ihrer kleinen Stadt redet, dann muss sie unbedingt noch eine sehr wichtige Sache erwähnen. Sehr wenige Leute, die nicht aus Bjelovar kommen, wissen von der Existenz einer alten Tradition, die es weit und breit nicht mehr genauso oder ähnlich gibt. Seit den Dreißigerjahren des vergangenen Jahrhunderts versammeln sich am ersten Mai die Jugendlichen und die Arbeiter und machen mit ihren Motorrädern eine Stadtrundfahrt in den frühen Morgenstunden. Sie nehmen die Auspuffrohre ab, damit der Lärm so groß wie möglich ist, und zeigen auf diese Weise die schlechten Bedingungen, die schlechten Gehälter und, allgemein, das ungerechte Verhältnis gegenüber den Arbeitern auf. Das ist zu einer Tradition geworden, die, nach der Kriegsunterbrechung, in den Fünfzigern wiederbelebt wurde und sich bis heute gehalten hat. Sie hält sich bereits seit neunzig Jahren. Alle TV-Sender zeigen in ihren Nachrichten in Bild und Ton den Motorrad-Weckruf in Bjelovar. Nan steht regelmäßig viertel vor fünf auf, weckt die Kinder und erklärt ihnen, dass das ihre Tradition ist, und dass sie wissen müssen, was es in ihrer Stadt gibt. Dann fährt zur allgemeinen Begeisterung durch ihre Straße die motorisierte Kolonne des Moto-Clubs Bjelovar, ihrer Freunde und aller, die teilnehmen möchten, und die ein motorbetriebenes Zweirad besitzen. Dieses Jahr gab es auch Autos am Ende der Kolonne. Die Menschen winkten und hupten, einige saßen in den geöffneten Fenstern der Autos. Sie fahren eine „höfliche" Geschwindigkeit, weil sie immer organisierten Polizei-Escort haben. Nan empfindet immer Dankbarkeit und Freude, weil sie sich jedes Jahr die Mühe machen, diese schöne Stadttradition

zu organisieren. Sie liebt schon seit jeher diesen Feiertag der Arbeit, weil sie auch selbst Arbeiterin ist, und weil sie ihr ganzes Leben lang schwere und leichte Arbeit verrichtet hat, und wegen der Existenz des Weckrufs liebt sie ihn noch mehr. Der Moto-Weckruf in Bjelovar kündigt auf symbolische Weise die Ankunft des schönen Wetters, die Zeit der Ausflüge, des Grillens, des Genießens der Natur und den richtigen Frühling und das Erwachen des Lebens an.

Eine Geschichte aus der Vergangenheit

Früher einmal herrschte Krieg in ganz Jugoslawien, und in den weit gelegenen Bergen, in der Familie Palošić, kam noch eine Tochter zur Welt, M. Ihre Schwester J. war bereits zehn Jahre alt und ging zur Schule, wenn sie konnte. Klein M. war eines von acht Kindern. Zwei Brüder und eine Schwester waren schon als Babys gestorben. Sie blieben mit ihrer Mutter allein, weil der Vater im Krieg verunglückt war. Obwohl sie zu fünft waren, waren sie nie alle zusammen zu Hause, oder nur sehr selten. Sie lebten in großer Armut, und um zu überleben, schickte ihre Mutter sie, wenn sie zehn wurden, um zu dienen, wie man es damals nannte. Allein konnte sie in der großen Armut keine fünf Kinder ernähren. M. liebte ihr kleines Haus aus Holzbrettern, das mit Schlamm überzogen war und ein Strohdach hatte. Es hatte zwei kleine Räume. Eines war etwas größer als vier mal vier Meter. Darin wohnten und schliefen sie. Der andere diente als eine Art Vorratskammer. In diesem Raum stand das Trinkwasser in einem Topf, das sie von einer ungefähr einen Kilometer entfernten Quelle holen mussten. Das war eine schwere Aufgabe. Die vollen Wasserbehälter waren zu schwer für die dünnen und unterernährten Kinder. Sie badeten selten. Das Wasser war ausschließlich zum Trinken und Kochen bestimmt. Strom war vollkommen unbekannt, es

gab weder eine Uhr, noch ein Radio. Die Mutter bestimmte die Uhrzeit anhand der Sonne.

Ihr größtes Gut waren die Schäfchen. Es waren immer sieben Stück. Sie hatten auch ein paar Hühner, und manchmal zogen sie auch ein Ferkel auf. Ihre Hauptnahrungsmittel waren Milch und Maisgries. Das gab es fast jeden Tag zu essen, ab und zu Kartoffeln und Bohnen. Es passierte, dass ein Habicht ein Huhn stahl. Mutter rannte ihm hinterher, und da das Huhn sehr schwer war, konnte der Habicht nicht mit ihm wegfliegen und lies es wieder frei. War das Huhn nicht stark verletzt, dann lebte es weiter, sonst gab es Fleisch zu Mittag. M. erinnert sich daran, dass manchmal eine Tante aus Bjelovar zu ihnen zu Besuch kam, die in ihrer enormen Großzügigkeit jeder die Hälfte eines in Seidenpapier gewickelten Bonbons gab, das sie zuvor selbst in zwei Hälften biss. Schokolade war ein vollkommen unbekannter Luxus.

Sie hatten einen kleinen Obstgarten. In ihm gab es einen Kirschbaum, dessen Früchte schön groß waren und den Kindern das Wasser im Mund zusammenlaufen ließen. Aber nichts da. Mutter erntete die süßen Früchte und brachte sie ins nächstgelegene Städtchen, um sie auf dem Markt zu verkaufen. Von diesem Geld kaufte sie Zucker, Salz, Öl, das Notwendigste für den Haushalt, das sie nicht selbst herstellen konnten. Sie schliefen auf Stroh, deckten sich mit selbstgemachten, gewebten Decken zu. Im Winter war es immer sehr kalt, weil sie kein Feuerholz hatten. Das Jahr über sammelten sie beim Hüten der Schafe dünne Zweige, die sie in den Weiden und Feldern fanden. Das war ihr Feuerholz. Wenn sich jemand vorstellen kann, wie die Winter in den Bergen vor sechzig Jahren waren, dann ist klar, dass die Mädchen zusammen mit ihrer Mutter ziemlich froren im Winter. Der Schnee fiel ihnen bis über den Kopf, so dass sie nicht aus dem kleinen Holzhäuschen konnten. Ihre Kleidung bestand aus der so genannten „Ausstattung" aus grobem, selbst-

gemachten Stoff und Gummi-Opanken. Sobald es warm wurde, vom frühen Frühling bis zum späten Herbst, liefen sie hauptsächlich barfuß über Stacheln und Steine. Die Opanken waren nur für den Winter, und zwar für die Schule. Die Ausstattung war ein einfaches Kleidchen, das zu Hause auf der linken Seite getragen wurde, und auf der rechten nur dann, wenn sie zur Schule gingen. Oft kletterten sie barfuß durch den tiefen Schnee, weil sie Angst hatten, ihre kleinen Opanken zu verlieren, und bis zur Schule waren es ungefähr 3 Kilometer. M. erzählte mir manchmal, dass ihre Füße rot und sehr eisig und später heiß waren.

Mit nicht vollen fünfzehn Jahren musste die kleine M. dienen gehen. Das bedeutete, von zu Hause wegzugehen, in ein mehr oder weniger entferntes Dorf, zu reichen Leuten, und dort den ganzen Tag Kühe und Pferde beim Weiden zu hüten. Es wurden auch andere Arbeiten verrichtet. Sie mussten jeden Tag den Stall sauber machen und auch alles andere, was die Herrenfamilie von den Kindern verlangte. Für ihren Dienst hatte die Mutter Folgendes vereinbart: zwei Paar Opanken und zwei Ausstattungen für ein Jahr und am Ende des Dienstjahres noch 1000 Dinar für die Mutter. Der Herr kam eines Tages mit dem Pferdegespann, um seine kleine Dienerin zu holen. M. weinte sehr. Sie bat ihre Mutter, nicht gehen zu müssen, aber es half alles nichts. Auf die Mutter musste man hören. Sie waren zu arm, um eine solche Gelegenheit auszuschlagen.

Sie fuhren den ganzen Tag lang. Das Dorf, in das das Mädchen zum Dienen ging, war sehr weit von ihrem Haus entfernt. Sie erinnert sich, dass es Donje Mjesto hieß, und dass es in der Nähe eines größeren Ortes lag. Ein gemachtes Lager wartete bereits im Stall auf sie, in dem die Kühe und zwei Pferde schliefen. Das Lager war hoch über den Pferden, so dass sie eine Leiter hoch klettern musste. Sich daran zu gewöhnen, war sehr schwer.

Sie konnte nicht schlafen, weil die Kühe nachts beim Hinlegen und Aufstehen mit den Ketten Lärm machten, mit denen sie festgebunden waren. Das weckte sie ständig auf und machte ihr Angst. Dauernd Lärm: die Pferde wieherten oder die Kühe klimperten. Der Schlaf wurde ständig unterbrochen. Da sie schwach, dünn und unterernährt war, waren das Treiben des Viehs auf die Weise, das Saubermachen und Ausstreuen des Heus im Stall sehr schwere Arbeiten für sie, um nicht davon zu reden, dass sie ihre Mutter und die Schwestern ein ganzes Jahr lang nicht sehen konnte. Zum ersten Mal in ihrem Leben wog sie sich mit dreizehn, und sie hatte dreiunddreißig Kilo.

Es verging ein langes, schweres Jahr. Das einzige Glück in dieser unglücklichen Geschichte war, dass ihre Herrenfamilie relativ gut war, was bedeutete, dass sie nicht hungerte, und dass man sie nicht schlug. Als das Jahr rum war, kam die Mutter, um ihre tausend Dinar zu holen und sich mit dem Herren weiter abzusprechen. Das kleine, abgequälte Mädchen, das seine Mutter das ganze Jahr über nicht gesehen hatte, weinte sehr und bat sie, sie mit nach Hause zu nehmen, weil es sehr schwer für sie war, so weit von zu Hause entfernt zu sein.

Obwohl die Herren zufrieden mit ihr waren und sie behalten wollten, wurden ihre Bitten erhört, und die Mutter nahm sie mit nach Hause. Sie sagte, sie würde versuchen, ihr einen Dienst in der Nähe zu finden, so dass sie ab und an nach Hause kommen konnte.

Als sie zu Fuß nach Hause losgingen, hielt sich das Kind am Rock der Mutter fest und lies ihn den ganzen Weg über nicht mehr los. Sie liefen den ganzen Tag bis zum Abend. Dann übernachteten sie bei Leuten im Stall und setzten am Morgen ihren Weg fort. Erst am nächsten Tag nachmittags erreichten sie ihr Ziel. Zu Hause war im Grunde alles beim Alten. Sie war mehr hungrig als satt, aber sie war sehr glücklich, zu Hause zu sein. Und dann ging die Mutter eines Tages zum Onkel, dem Bruder

ihres Vaters, der beim Roten Kreuz oder einer solchen Organisation arbeitete. Seine Aufgabe war es, den Armen gespendete Lebensmittel, Kleidung und Schuhe zu verteilen, hauptsächlich nach eigenem Gutdünken. Seine Schwägerin, die Kriegswitwe mit fünf Kindern, kam zu ihm, um ihn um Hilfe zu bitten. Er fertigte sie ohne Gnade mit den Worten ab, dass es viel Ärmere als sie gab... Der neue Dienst war schon in Sicht, dieses Mal im Nachbardorf, so dass ihre Herren sie manchmal sonntags nach Hause ließen, damit sie ihre Mutter sehen konnte. Bei den neuen Herren gab es viel Vieh zu versorgen und viel Arbeit. Der Herr war ein schlechter Mann und verprügelte sie manchmal. Also ist die kleine Dienerin eines Tages einfach abgehauen. Der dritte Dienst war in einem ziemlich weit entfernten Dorf B. Dort war es schon deshalb ein bisschen besser, weil im gleichen Dorf auch die ältere Schwester A. des Mädchens war, so dass sie sich hin und wieder sahen. Die Herrin war alleine. Sie war gut. Sie hatte nur eine Kuh, weshalb es für M. nicht schwer war. Es war nicht schlimm, sich um ein Tier zu kümmern. Sie erinnert sich nicht daran, wie lange sie dort war, aber nach einiger Zeit kehrte sie wieder nach Hause zurück.

Danach ging sie in das nahegelegene S. zu einer Frau, die ebenfalls alleine lebte und nur eine Kuh hatte. Das war bei weitem der beste ihrer „Arbeitsplätze". Die Schule war in der Nähe, sie konnte oft nach Hause gehen. Bis dort waren es „nur" drei Kilometer Fußweg, aber sie ging gerne bei jeder Gelegenheit nach Hause.

Mit dem vollendeten dreizehnten Lebensjahr, einer ziemlich reichen Berufserfahrung und nach einer qualvollen Kindheit voller Armut und schwerer Arbeit kam sie zu ihrer älteren Schwester J., die geheiratet und eine Tochter auf die Welt gebracht hatte, und die im Gastgewerbe arbeitete. Die Schwester ermöglichte ihr die Schulausbildung bis zur achten Klasse. Anschließend fand auch M. eine Beschäftigung im Gastgewerbe. Nach eini-

gen Jahren heiratete sie mit fast einundzwanzig Jahren und gebar eine Tochter. Sie brachte sie im Juli zur Welt, und für ihre Tochter ist es ein ewiges Geheimnis geblieben, warum sie ihr, die sie mitten im Sommer geboren wurde, einen absoluten Winternamen gegeben hatte. Das war wohl karmischer oder, wen sie so wollen, göttlicher Wille oder Wille des Universums, weil ihre Tochter nie Hitze und Schwüle mochte und das auch heute nicht tut. Sie würde den ganzen Sommer für zwei Wochen Schnee und Schlittenfahren tauschen (Skifahren konnte sie sich in ihrem Leben noch nicht leisten). Schon immer liebte sie Schnee mehr als Hitze. Das liegt am Namen, da ist sie sich sicher. Sie mochten den Namen nie besonders, aber wer mag seinen Namen schon. Mit der Zeit lernte sie ihn jedoch lieben.

Als M. sicher war, eine feste Arbeit zu bekommen, rief sie ihre jüngste Schwester zu sich und schulte sie bis zu ihrer Heirat. So zogen die Schwestern einander aus dem Elend. Am Ende kam auch ihre Mutter zu ihnen. A. wurde Nonne und ist schon seit Jahren in Klosterrente in Osijek, die andere, deren Name ebenfalls mit M. beginnt, heiratete in ein Nachbarland, wohnt aber sehr weit weg. Die Nichte mit dem Winternamen sah sie bei Omas Beerdigung zum ersten und zum letzten Mal. Sie brachte damals auch ihren Sohn, den Cousin der Nichte mit dem Winternamen, mit, und die Zwillingstöchter, ihre Cousinen, lernte sie nie im Leben kennen. Vielleicht sind sie selbst schon Omas. Tante M. starb vor vielen Jahren. Die jüngste Tante (die, die zu M. kam) lebt vier Kilometer entfernt von ihr, und ihre Kinder sind die erwähnten Cousinen und der liebe Cousin, zu denen sie eine enge Verbindung hat. Tante T. ist eine Legende. Sie ist achtundsiebzig und arbeitet noch immer barfuß im großen Garten. Sie kann die ganze Nacht durchtanzen, und noch im letzten Jahr stieg sie die Leiter hoch und erntete Kirschen in ihrem Garten. Jedes Jahr sagt sie,

dass sie das nicht mehr machen wird, und dann macht sie es doch wieder. Wenn sie an das Meer fährt, üblicherweise nach Novi Vinodolski mit ihrem Rentnerverein, dann schwimmt sie ein- oder zweimal täglich bis zu einer kleinen Insel, die wir San Marino nennen (alle, die mal in Novi Vinodolski waren, wissen, was gemeint ist). Die Tante ist eine Legende, oder nicht? Tante J. ist außerdem seit zwei Jahren Ur-Oma, aber leider hat ihre einzige Tochter, obwohl die Nichte mit dem Winternamen die Tante liebt und ein tolles Verhältnis zu ihr hat, gewählt, sich von Mutters gesamter Verwandtschaft zu distanzieren. Das ist ihre Entscheidung, und es soll so sein, wie sie es wünscht. Auf diese Weise hat sie ihre Tochter erzogen, also hat sich ihr Verhältnis auf höfliches Grüßen, wenn man sich zufällig in der Stadt trifft, reduziert. Nan kann nicht sagen, dass es ihr deswegen leidtut. Sie haben wirklich nicht viel Verwandtschaft, und Nan denkt, dass sie es ihren Kindern schulden, ihnen zu erklären, wer mit wem wie verwandt ist. Das gleiche Schicksal erlebte sie auch mit dem Cousin und der Cousine von Papas Seite. Ihr eigener Sohn und der Sohn der Cousine sind gemeinsam in die gleiche Gruppe zur kirchlichen Katechese vor der Erstkommunion gegangen, praktisch kennen sie sich aber fast nicht und haben keine Ahnung, dass sie nahe Verwandte sind.

„Es soll so sein, wie es sein muss. Jede Kraft ist begrenzt, merke dir das alte Sprichwort gut, meine Sommertochter mit Winternamen", sagte ihre Mutter M.

Und zum Schluss...

Nan ist ans Ende dessen gekommen, was sei über die Misshandlung von Kindern sagen wollte. Bei der Annäherung an dieses ewige Thema hat sie ihre eigene Kindheit und die Kindheit ihrer Mutter fast bis zu den Knochen aufgedeckt, entblößt. Viele Dinge hatte sie selbst

vergessen, und über ihre Mutter weiß sie so viel, wie sie ihr zu erzählen bereit war. Mama hat zu Nan gesagt, sie dürfe ruhig sagen, dass sie keine gute Mutter war. Aber Nan fragte sie, warum sie das glaubt. Ob sie das glaubt, weil sie sie allein mit ihr geblieben ist, weil sie sie ständig auf dem Rücken zu Ärzten getragen hat, da sie ein kränkliches Kind war, oder vielleicht, weil sie von morgens bis abends gearbeitet hat, damit sie überleben (in diesem Sinne gibt es heute keine guten Eltern mehr, wenn sie mal schauen, bis um wie viel Uhr die Leute arbeiten, und wie viel Zeit sie mit ihren Kindern verbringen. Herrgott nochmal, wir haben uns das nicht selbst ausgedacht, dass man ohne Geld nicht überleben kann. Verdammte Phönizier!). Nein, Mama, du warst sehr gut, du hast viel gearbeitet, hast dich immer um mich gekümmert, und du hast dir wirklich nichts vorzuwerfen. Ich war ein Kind, das nicht viel geredet hat. Nie habe ich mich über etwas beschwert, und du konntest nicht wissen, was vor sich ging, während du nicht zu Hause warst. Alles passierte auch hauptsächlich dann, wenn du auf der Arbeit warst.", sagte Nan in einem Atemzug. Sie kann sich selber nicht erklären, warum sie ihrer Mutter nie etwas gesagt hat. Das bestätigt ihre Theorie, dass Eltern ihre Kinder wirklich von Zeit zu Zeit fragen sollten, was in ihrem Leben vor sich geht. Kinder sind sehr gute Schauspieler. Sie können so gut spielen, dass alles in Ordnung ist, dass sie es nicht glauben würden. Man muss sich die Zeit nehmen und erreichen, dass sie sich einem öffnen. Am Vertrauen muss man beharrlich arbeiten, weil es nur schrecklich schwer aufgebaut wird, während man es mit nur einem falschen Zug verlieren kann. Und man darf Kinder nie belügen. Das ist die schlimmste Option. Ihre Mutter hat sie nie belogen oder ihr falsche Versprechungen gemacht. Versprechen sie nie etwas, was sie nicht erfüllen können. Es ist viel besser, ehrlich zu sagen, dass sie etwas nicht können, dass sie jetzt kein Geld haben, dass das Kind ein

wenig Geduld haben muss. Kinder akzeptieren das viel besser als unerfüllte Versprechungen. Die verletzen sie sehr. Nan erlebte es mit ihren eigenen Kindern. Sie belügt sie nie. Alles läuft ohne Probleme nach Absprache.

Jetzt, da das Buch geschrieben ist, fangen andere Probleme an, Nan zu quälen. Der Schritt in die Öffentlichkeit. Das mochte sie noch nie. Einmal nahm sie an einem Quiz teil, und als ihre Mitbürger sie zu erkennen begannen, war ihr nicht gerade wohl in ihrer Haut, obwohl sie gewonnen hat. Geschockt hat sie die Perzeption einer Kassiererin im Laden, die ziemlich laut anfing zu reden und die Aufmerksamkeit auf sie zu ziehen. Sie bat sie, nicht so zu schreien. Daraufhin frage die Frau: „Warum haben sie denn dann teilgenommen?" „Na wohl um einen Preis zu gewinnen, und nicht, damit die Leute in der Stadt mir nachschreien." , dachte Nan.

Das nächste Problem war ihre Mutter. Sie beunruhigt sich schnell und fängt an, zu weinen, wenn ein Thema aus der Vergangenheit erwähnt wird. Sie hat ihre Wunden noch nicht geheilt, deshalb hat Nan ihr verboten, das Buch zu lesen. Sie möchte nicht, dass sie an ihren Tränen erstickt. „Sollten wir jemals die Promotion erleben", bat sie sie lieb, „und wenn Abschnitte gelesen werden, dann gehe bitte zur Toilette". Es gelang ihr sogar, sie zum Lachen zu bringen. Wer weiß, warum Nan nachzudenken und zum Schluss auch über die Gewalt an Kindern und Gewalt im Allgemeinen zu reden begann. Sie hätte beispielsweise auch über Alligatoren nachdenken können. Das alles hat nicht viel mit Nan als Nan zu tun, mit ihr als einfacher Frau aus der näheren Umgebung. Das Thema und ihre Botschaft sind wichtig. Die Gefühle des misshandelten Kindes sind wichtig, das, was im kleinen Kopf vorgeht, während es in Angst lebt und zu überleben versucht. In Kinderaugen ist Angst noch schlimmer, Gebrüll ist noch lauter, Schläge sind noch schmerzhafter als bei uns Erwachsenen. Heute erlebt sie Streit, Gebrüll,

Ängste ganz anders, weil sie weiß, wie sie damit fertig werden kann. Kinder wissen das nicht. Sie sind vollkommen verloren und haben keine Ahnung, was sie machen sollen. Sie möchten nur auf jede Weise den Schmerz vermeiden. Sie möchten nicht, dass es weh tut. Das ist eine Existenzfrage. In erster Linie ist dieses Buch etwas, was sie selbst gebraucht hat, denn, wenn nur ein bisschen Trauer, Bitterkeit und Schmerz nach all diesen Ereignissen zurückgeblieben waren, dann sind sie jetzt verschwunden. Nan hat verziehen. Sie hat Papa verziehen, dass er sie verlassen hat, und seiner Frau, die die Scheidung seiner Eltern verursacht hat, und die auf diese Weise direkt oder indirekt alle unlieben Ereignisse ihrer Kindheit verschuldet hat. Sie hat dem wahnsinnigen Stiefvater vergeben, weil er jetzt alt und machtlos ist, und während Nan über diese Dinge nachdenkt, verbringt er einen Teil seines Lebens beim Absitzen einer Gefängnisstrafe. Irgendwann zu Beginn sagte sie, dass der Gewalttäter auch zum Mörder geworden ist, also... Am 31.1.2009, gegen 9.50 Uhr morgens, hat er mit seinem Auto einen älteren Mann (Jahrgang 1926) auf dem Zebrastreifen überfahren, weil er die Geschwindigkeit nicht gedrosselt und nicht auf Fußgänger geachtet hat. Das passierte auf dem Zebrastreifen vor dem Stadtfriedhof Sveti Andrija. Der Mann, der mit dem vorderen, rechten Teil des Fahrzeugs getroffen wurde, erlitt schwere Verletzungen: Lungenprellung, Brustkorbbruch, Bruch der linken Rippen, Bruch des Waden- und Schienbeins, Blutergüsse, Bruch des Schädelgewölbes und der Schädelbasis und Gehirnprellung. Er war auf der Stelle tot. Der Stiefvater bekam (nur) zwei Jahre Gefängnisstrafe.

Ohne jegliche Absicht, ihn zu beschuldigen, wird sie jetzt schön und ehrlich sagen, was sie darüber denkt. Nan denkt nämlich, dass er gewalttätig und trotzig, wie er war, einfach erleben musste, wie es ist, einen Menschen zu töten. Er hat es nur deshalb getan. Es war eine hervor-

ragende Gelegenheit, nicht wahr? Ideal für einen perfekten Mord. Er hat es absichtlich getan. Im Übrigen steht das auch im Urteil. Vorsatz. Hatten sie sich nicht genau an diesem Tag auf der Straße getroffen? Nan vergisst niemals auch nur ein Zusammentreffen mit ihm. Gott sei Dank, kann sie die Treffen an einer Hand zählen, sie treffen sich fast gar nicht. Aber sie trafen sich an diesem Tag. Wie im Film sind sie hinter der Ecke aufeinander getroffen... An diesem Tag fuhr Nans Ehemann sie in die Stadt. Der Weg führte sie neben dem Stadtfriedhof bis hin zur Ampel vor dem Gerichtsgebäude und dann nach rechts. Aber direkt nach der Brücke war die Straße blockiert, und die Polizei leitete den Verkehr um, sofort in die erste Straße rechts abzubiegen. Es bildete sich ein kleiner Stau, weil es die Hauptstraße ist, so dass sie beim Warten auf das Abbiegen auf der Straße eine schwarze, lange Abdeckfolie sehen konnten, die über etwas... über jemanden gelegt war. Sie begriffen, dass soeben jemand sein Leben bei einem Verkehrsunfall verloren hatte. Ihr Ehemann ließ Nan in der Stadt raus, damit sie erledigen konnte, was sie geplant hatte. Bald darauf startete sie ihren Nachhauseweg langsam, schlug dabei eine etwas ungewohnte Richtung ein, die sie nicht häufig ging, und hinter der Ecke... Sie grüßte freundlich und fragte ihn, wie es ihm geht. Gleichzeitig versuchte sie, zu suggerieren, dass sie sicher war, dass er ihr nichts anhaben konnte, dass die Angst, die sie traf (noch immer, nach all den Jahren!), nicht notwendig ist. Er ist alt, er kann sie in keiner Weise mehr verletzen. Er sagte, dass er auf jemanden wartet, der ihn nach Hause fährt. Das brachte Nan dazu, zu fragen, wo sein Auto steht. Er sagte: „Ich hatte einen Verkehrsunfall. Ich habe einen Mann überfahren." Sie verknüpfte es mit dem, was sie vor ein oder zwei Stunden beim Vorbeifahren gesehen hatte. Er war nicht beunruhigt, erschrocken oder erbärmlich (ach komm, Frau!), ohne jegliche Gefühle... Sie sagte, dass es ihr leidtut. Sie dachte

natürlich an den armen alten Mann, der verunglückt war. Am Ende ist der Gewalttäter auch ein Mörder geworden, wenn auch nur aus Fahrlässigkeit. Viele werden das am Ende. Und wir leben in einer Gesellschaft, die das toleriert... Als sie sich zu Hause das ganze Ereignis bewusst gemacht hat, sind einige Fragen wie schwere Wolken in ihrer Psyche aufgetaucht. Beispielsweise, was passiert wäre, wenn an diesem Herbstmorgen genau an dieser Stelle eines ihrer Kinder die Straße überquert hätte, und wenn der gewissenlose Fahrer sie erkannt hätte (oder auch nicht, das ist nicht wichtig)? Oder wenn es irgendein Kind gewesen wäre? Vielleicht ein Klassenkamerad ihrer Kinder. Viele dieser Kinder überqueren die Straße an dieser Stelle? War wäre letzten Endes gewesen, wenn sie an diesem Morgen die Straße genau dort überquert hätte? Dumme Fragen oder nicht, sie waren da. Und noch eine – wird er nach dem Verlassen des Gefängnisses wieder fahren dürfen?

Nan hat nach allem sehr gut gelernt, die kleinen Dinge zu genießen. Sie genießt die Sonne, viel mehr als den Schnee. Morgens, wenn sie ihre Lieblingscreme aufträgt, dann denkt sie, was für ein tolles Gefühl das ist. Jedes Mal, wenn sie angenehm müde vom Fitness-Studio ist und die wohltuende Dusche auf ihrer Haut spürt, denkt sie, dass das ein Segen ist. Wenn sie die Arme ihrer Kinder um ihren Hals spürt, durchläuft ein angenehmer Schauer ihren Körper, und sie kann nicht umhin, gen Himmel zu schauen und zu denken: „Danke, Gott. Ich danke Dir für dieses unglaublich gute Gefühl..." Sie glaubt, dass sie, seit sie ihre Kinder auf die Welt gebracht hat, an keinem einzigen Morgen aufgewacht und an keinem einzigen Abend eingeschlafen ist, ohne sich tief aus dem Herzen bei Gott zu bedanken. Nicht nur dafür, dass sie Kinder hat, und dass alle gesund und beieinander sind, sondern für alles, was sie im Leben hat. Für das warme Bett, die

warme Dusche, die feine Gesichtscreme... Für alles. Weil viele Menschen noch nicht einmal eine Mahlzeit haben. Nan ist auch für den Kaffee dankbar, den sie gerade im Seelenfrieden in Skribas Gesellschaft trinkt. Sie rief sie vorgestern an und gab ihr das Diktiergerät mit der Erklärung, dass sie alles gesagt hat, was sie zu sagen hatte. Skriba solle jetzt schauen, was sie damit machen würde. Nach vierundzwanzig Stunden rief Skriba an und stotterte mit völlig veränderter Stimme heraus: „Frau, was hast du mir da gegeben? Ich habe geweint und geschluchzt. Ich kann mich noch nicht einmal schminken! Alle fragen mich, ob ich erkältet bin..." Nan hörte ihrer Freundin verwundert zu. Sie verspürte sogar eine bestimmte Heiterkeit in ihrer Seele. Jetzt endlich kommt ihr all das auch ein wenig lustig vor. Sie genießt den Nescafé und das Beisammensein. Skriba sagt, sie hätte nicht gedacht, das Nans Bekenntnis gerade so lauten würde.

”Das Erzählen hat mich geheilt. Ich fühle mich wie eine neue Person, ein vollkommen neues Wesen, und dazu wäre es nie gekommen, wenn du mich nicht überredet hättest, das zu tun.", sagte Nan und streichelte die Hand ihrer Freundin...

”Und was ist mit dem Bild der kleinen Mona Lisa?" fragte Skriba.

”Wir verstehen uns sehr gut. Ich mag dieses süße Kinderlächeln und die kleinen Zähnchen, die man sieht, sehr. Ich habe das Gefühl, dass es jetzt das glückliche Lächeln eines fröhlichen, pummeligen Mädchens ist. Ich empfinde keinerlei Schmerz mehr, wenn ich es anschaue. Jetzt empfinde ich stille Freude. Mein inneres Kind ist geheilt und fühlt sich endlich gut.”

Wenn dieses Buch seine Veröffentlichung erlebt, wird sie, das hat sie beschlossen, eines auf jeden Fall ihrem Stiefvater schicken, damit er aus einer anderen Perspektive das betrachten kann, worauf er sein Leben verbraucht hat. Ein anderes wird sie ihrem Vater schick-

en, damit er sehen kann, was aus seiner unintelligenten Tochter geworden ist, auf die er nie stolz war.

Eines wird sie mit Sicherheit ihren Kindern lassen. Sie sind ohnehin schon seit langem stolz auf ihre Mutter, zumindest sagen sie das. Natürlich wird auch Skriba ihr Exemplar bekommen... Was die anderen angeht, hofft sie, dass es jedem zu Gute kommen wird, der es liest. Verzeihen sie mir wegen den hervorgerufenen Gefühlen, wegen den Tränen, die es ihnen vielleicht in die Augen getrieben hat. Das sagt auch viel über sie aus. Es bedeutet, dass sie eine gute und gefühlvolle Person sind, und dass sie Nan verstehen, die ihnen alles Gute und eine Fülle von Gottes Segen in jedem Aspekt ihres Lebens wünscht.

HINWEIS

Wenn sich jemand wiedererkennt oder denkt, dass er sich in einem der Charaktere dieser Erzählung wiedererkennt, dann betone ich, dass das nur eine Sache der eigenen Wahrnehmung oder Einbildung ist. Keiner der Charaktere hat etwas mit wahren Menschen zu tun, aber die beschriebenen Ereignisse sind real, authentisch und wahr.

EPILOG

Nan wusste, dass ihr Vater krank war. Sie kommunizierten kurz und in längeren zeitlichen Intervallen, seitdem er in ein Dorf in ungefähr fünfzehn Kilometern Entfernung gezogen ist. Einige Versuche, ihn mit ihren Kindern bekannt zu machen, scheiterten unrühmlich. Das erste Mal redete er sich heraus, er müsse verreisen. Das zweite Mal verkündete er vor ein paar Freunden, er bräuchte für ein solches Treffen einhundert Euro, also gab Nan es einfach auf. Sie begriff, dass er sie aus seinem

Leben gestrichen hatte. Manchmal rief er sie noch an. Das war aber auch alles.

Zum Geburtstag hatte er ihr jahrelang nicht gratuliert. Obwohl, vor zwei Jahren rief er einen Monat zu früh an... Bei dieser Gelegenheit meldete sich Nans Tochter. Sie sagte ihm, dass Mamas Geburtstag erst in einem Monat sei. Das Gespräch brach ab. Das war das letzte, was sei von ihm hörte.

Und dann, am dritten März, gegen elf Uhr vormittags, ein Anruf im Festnetz. Nan dachte natürlich, dass eine ihrer Kundinnen anrief, aber...

„Hier spricht Tante Mica, von Papa... Dein Vater ist heute Morgen gestorben, um sieben Uhr. Es liegt jetzt bei dir, ob du zur Beerdigung kommen möchtest oder nicht... " Sie nannte noch die Uhrzeit und den Ort der Beerdigung und legte den Hörer auf. Nan fand sich in einem Raum zwischen Gefühlen, zwischen Welten wieder, als wäre sie in einem nicht existierenden Vakuum steckengeblieben. Auf der einen Seite Trauer wegen eines unerwarteten Verlustes, auf der anderen unerbittliche Realität, die ihr suggerierte, dass sie wirklich keinen Grund zu übermäßiger Trauer hatte.

Wie kam das? Na ja, es traf sie stärker als sie sich zuzugeben bereit war. Sie weinte, aber nicht zu lange, weil sie ihren gesamten Schmerz und ihre Tränen ausgeweint hat, als er von ihr weggegangen ist, als er noch lebte... Da sind nur wenige Tränen für das Ende geblieben. Es blieb leichter Kummer, weil er nicht die Kraft gefunden hat, seine zwei wundervollen Enkelkinder kennenzulernen. Sie hätten in den letzten zehn Jahren ein bedeutungsvolles Verhältnis aufbauen können, da sie es nicht schon früher getan hatten. Aber es ist alles aus. Das Buch ist geschlossen, gelesen, weggelegt... Es hat keinen Sinn mehr, über dieses Thema zu reden. Endlich hat ihr Vater sie für immer verlassen.

Sie ging zur Blumenhandlung auf dem Berg, bestellte

ein Bukett und Grabkerzen für morgen, rief ihre Freundin an und vereinbarte die Fahrt. Dann setzte sie sich hin und plötzlich, als sie sich auf dieser Beerdigung vorstellte, fühlte sie schreckliche Einsamkeit... Soll ich so alleine dort sein, zwischen seiner Familie, für die ich immer überschüssig war? Soll ich erlauben, dass sie sich freuen, wenn sie mich allein und elendig sehen...? Mama wollte auf keinen Fall hingehen, aber...

Nan bat ihre Kinder, sie zu begleiten, obwohl er für sie ein totaler Fremder war. Sie bat sie, wegen ihr mitzugehen, bei ihr zu sein, hinter ihr, ihre Stütze. Sollten alle sehen, dass sie nicht alleine war auf dieser Welt. Sie stimmten ohne Einwände zu. Natürlich gehen wir mit dir mit, Mama. Du wirst nicht alleine sein. Sie kamen im Dorf an, das wie die meisten Dörfer in diesem Gebiet, das als Zentrum bezeichnet werden kann, ein großes Objekt besaß, in dem sich ein Laden, die Dorfkneipe, ein Fest- und Sitzungssaal und eine Veterinärstation und ein undefiniertes Lager befanden.

Vor dem Gebäude gab es einen großen, asphaltierten Parkplatz, auf dem ohne Probleme einige Laster hätten parken können.

Hier versammelte sich die kleine Trauergesellschaft. Nan mit ihren Kindern und ihrer Freundin, zwei Freunde aus Papas Jugendjahren, Nans Cousine und ihr Onkel, sowie einige Einwohner.

Es waren auch einige unbekannte Personen anwesend. Eine junge Frau kam zu Nan angerannt, begann, sie zu umarmen und „Schwester, Schwester..." zu rufen. Nan begriff, dass es Papas außereheliche Tochter war, zusammen mit Ehemann und Sohn. Sie gab höflich die Hand und machte sich bekannt. Die Kinder schüttelten begeistern auch allen die Hände. Nan hatte die Halbschwester fast vierzig Jahre lang nicht gesehen, deshalb erkannte sie sie auch nicht. Sie waren kleine Kinder, als sie sich das letzte Mal gesehen hatten. Seitdem war ein

ganzes Leben vergangen. Aber der Frau, mit der ihr Vater lebte, schenkte Nan keinen einzigen Blick. Sie wollte das nicht. Nan wollte keinen Kontakt zu dieser Person.

„Ich hasse dich, obwohl ich weiß, dass mein Hass dich nicht berührt, sondern dass er mich auf Zellebene zerstört. Ich hasse dich, weil du mir meinen Vater, meine glückliche Kindheit und Jugend gestohlen hast, und weil mein widerwärtiger Stiefvater mich wegen dir gequält hat. Ich hasse dich, weil Mama wegen der Schwere dieser Scheidung abgetrieben hat. Wieder deine Schuld. Ich hasse dich, weil du mein Leben bedroht hast, als ich Vater besuchte. Du wolltest, dass deine Tschetnik-Freunde ein Spielchen mit mir treiben... Ich hasse dich, weil du meinen Vater mehrmals umzubringen versucht hast. Meine Tante hat es mir erzählt. Ich hasse dich, weil du ein heuchlerisches Miststück bist, weil Vater von dem Hundefutter krank wurde, das du ihm gegeben hast. Das hat er mir gesagt.

Ich hasse dich, weil du einen Transvestiten aus Italien nach Hause gebracht und dem bereits totkranken Vater Angst gemacht hast. Ich weiß es, weil er Mama angerufen und es ihr erzählt hat. Ich hasse dich, weil du ihm nie erlaubt hast, mit mir Kontakt zu halten, meine Kinder kennenzulernen. Du bist an allem schuld.

Aber die Ereignisse begannen, sich ihrem Höhepunkt zu nähern, und Nan hörte zumindest für ein paar Augenblicke auf, die Person zu hassen, mit der ihr Vater sein Leben geteilt hat.

Der Sarg kam aus der städtischen Leichenhalle. Es folgte die Umlegung des Sargs auf den Leichenwagen, mit dem er zum Friedhof gefahren werden sollte. Aber die Halbschwester verlangte die Öffnung des Sargs... hier, mitten auf der Straße, wo die Autos vorbeifahren... Nan dachte, sie wäre in einem Horrorfilm. Ihre Kinder drehten sich entsetzt zur anderen Seite.

Nan näherte sich dem Sarg ruhig von der anderen

Seite. Sie streichelte ihrem Vater über das Haar und sagte: „Hallo Papa, jetzt gehst du zum Licht, wo du hingehörst..." und trat zurück zu ihren Kindern. Die Cousine kullerte in ihrer Unentschlossenheit mit den Augen. Die Leute schauten sich verwirrt an, aber die Schwester bekamen sie nicht vom Sarg weg. Als sie ihn endlich schlossen, wollte sie, dass sie ihn erneut öffnen, damit sie ihren toten Vater fotografieren kann... Ihr Ehemann widersprach vehement, und endlich ging es weiter zum Friedhof. Der Trompetenspieler spielte, aber nirgends... Nan drehte sich zur Cousine um und frage sie, ob es eine Totenmesse geben würde, aber sie zuckte nur mit den Achseln. Der Friedhof war nah. Es versammelte sich eine Hand voll Leute, der Sarg wurde in das Grab gelegt, aber nirgends ein Priester... Nan bekreuzigte sich, betete das Vaterunser in sich, bekreuzigte das Grab und ging, völlig schockiert, hinter ihrer Freundin und ihrer Tochter her, die schon in Richtung Auto unterwegs waren. Nans Sohn blieb bei ihr, er rührte sich nicht von ihrer Seite, keine Sekunde.

Man versuchte, sie zu überreden, zum Leichenschmaus zu bleiben, aber Nan fiel es nicht im Leben ein, am selben Tisch mit der Person zu essen, die... nun ja... Sie verabschiedete sich eiligst und gab nur schnell der Schwester ihre Handynummer und ging.

Sie kam bis zum Haus nicht zu sich. Die ganze Zeit über verspürte sie leichte Übelkeit. Als sie zu Hause ankam, hatte sie das Bedürfnis, etwas Hochprozentiges zu trinken.

Sie war so erschöpft, als hätte sie zehn Massagen gegeben.

Sie konnte sich nicht mit dieser unbeschreiblichen Beerdigung zufrieden geben. „Sie haben dich wie einen alten Gegenstand beerdigt, Papa, und dann hat mir deine Tochter auch noch gesagt, du würdest nie einen Pfaffen dabei haben wollen... Wie kommt es, dass jemand, der

nie einen Pfaffen bei seiner Beerdigung wollen würde (wir Katholiken verwenden den Begriff Priester), Bilder des Erzengels Michaels und Marija und Josef in Holz schnitzt? Mir hast du zwei solche Werke gegeben..." Sie ging in die Franziskanerkirche, in das Pfarramt, und zwar einen Tag nach der Beerdigung, erklärte dem Pater die ganze Situation und bat darum, dass am Sonntag für ihren Vater eine Messe gehalten wird. Und so war es dann. Die ganze Kirche betete für ihren Vater, und sie fühlte, dass sie das bestmögliche getan hatte.

Endlich ist es zu Ende.

Aber nein, nicht so schnell, Liebes...

Einige Tage später kam eine liebe Freundin in den Salon, die schon länger nicht da war, und die beim Gericht arbeitet. Sie fragte Nan, was es Neues gibt. Nan erzählte ihr vom Tod ihres Vaters, von der schrecklichen Beerdigung und so...

Die Freundin fragte, ob sie zur Nachlassverhandlung gehen wird. Nan schaute sie überrascht an. Sie hatte nicht an diese Möglichkeit gedacht. „Sag mir nur den Vor- und Zunamen, und ich werde dir melden, bei welchem Notar der Nachlass verhandelt wird. Erkundige dich, ob sie dich als Tochter erwähnt haben. Wenn er dir nichts hinterlassen hat, hast du das gesetzliche Recht, anwesend zu sein, das Testament, den Vertrag oder was auch immer existiert einzusehen, und du kannst erklären, ob du damit einverstanden bist oder nicht, oder aber du kannst andererseits auf alles verzichten, wenn du das willst."

Nan dachte einige Tage lang über den Rat der Freundin nach und rief dann endlich im Notarbüro an. Sie stellte sich vor und sagte, was sie interessiert. Natürlich hat die Person, die mit Vater lebte, nicht angegeben, dass er eine Tochter aus der früheren Ehe hat.

Sie vereinbarte einen Gesprächstermin und ging hin. Sie wurde mit dem konfrontiert, was sie sich auch vorgestellt hatte. Ohne Überraschung bekam sie Ein-

blick in die Akte, in welcher stand, dass Vater 2009 einen Schenkungsvertrag unterzeichnet hatte, in dem definiert war, dass seine uneheliche Frau und seine außereheliche Tochter jeweils zur Hälfte sein Haus und sein Grundstück erben. Auf diese Weise wurde Nan auf sehr perfide und durchdachte Weise um ihren Mindestanteil gebracht, der ihr laut Gesetz zustand.

Sie prüfte die Optionen und entschied erst einmal, die ganze Situation zu ignorieren.

Aber jedem menschlichen Wesen ist die Neugierde angeboren. Nan liebte es ganz besonders, all ihre Optionen zu untersuchen, unabhängig vom Problem. Dank ihres wundervollen Berufs, ihrer Arbeit, bei der sie viele verschiedene, interessante Menschen kennenlernte, fand sie sich bald in der Kanzlei des bekanntesten Anwalts im Land wieder, der auf Familienrecht spezialisiert ist.

Er verschaffte sich einen Überblick über die Situation und sagte ihr ohne Zögern, dass er diesen, wie er es ausdrückte, lachhaften Schenkungsvertrag in ungefähr siebzehn Sekunden anfechten könnte. Ohne Prozesskosten, auf Prozente am Ende der Ballade.

Nan empfand Erleichterung. „Wirklich ungewöhnlich, aber ich fühle mich, als hätte ich Millionen geerbt", dachte sie. Sie wollte nämlich nichts. Ihr genügte die Erkenntnis, dass sie, wenn sie wollte, die ganze Sache auf ihre Art umlenken konnte. Aber sie hatte sich seit langem auf andere Dinge umorientiert. Sie war auf Liebe ausgerichtet und brauchte so etwas nicht mehr, um zufrieden zu sein...

„Alles, was menschliche Ungerechtigkeit aufbaut, wird Gottes Gerechtigkeit mit der Erde ebenen", dachte Nan.

„Diese Aussage muss ich patentieren", dachte sie weiter.

Die Vorladung zur Nachlassverhandlung kam nach etwas mehr als einem Monat nach Vaters Tod, und Nan,

die sie bereit empfangen hatte, schrieb einen Brief, in dem sie das Notarbüro informierte, dass sie nicht erscheinen wird, und dass sie auf alles verzichtet. Sie beschrieb ihre kleine Untersuchung und das, was sie vom Anwalt erfahren hatte. Danach forderte sie, dass man ihr Vaters alten Ring mit dem Monogramm aushändigen sollte. Sie hielt ihn für Familienschmuck, weil er in die Familie gekommen ist, als diese Familie noch aus Mama, Papa und ihr bestand. Auf Grund der verstrichenen Zeit erinnerte sich ihre Mutter nicht mehr daran, ob sie ihn zusammen gekauft hatten, oder ob er ein Geschenk von Papas Firma als Dank für einen verdienten Mitarbeiter war. Jedenfalls erinnerte sie sich an den Ring.

Er gehört mir, dachte sie. Er gehört mir.

Sie rief ihre Freundin an, die Psychologin war, und vereinbarte mit ihr einige Sitzungen für die Behandlung und die Austreibung des Hasses aus dem eigenen System. Das muss raus, weil es keinen Sinn mehr hat, dachte sie.

Sie begriff, dass es nicht so sehr um Hass ging, wie um eine dumme, kindische Wut auf eine Situation, die sie nicht ändern kann. Das heißt, sie ist wütend auf Dinge, die sie nicht kontrollieren kann... Wie menschlich, oder? Nein, es geht darum, dass es ihr so viele Jahre lang nicht gelungen ist, zu vergeben...

Über sich selbst entsetzt, fragte sie sich, ob sie sich überhaupt als Gläubige bezeichnen darf, wenn sie diesen Ärger das ganze Leben in sich trägt. Sie hält sich an ihn wie eine Katze an einen Baum und lässt einfach nicht los, auch wenn die Fingernägel brechen...

Sie betet jeden Abend unermüdlich, dass Gott ihr hilft, diese Wut zu überwinden und endlich zu vergeben, sich selbst zu befreien.

Und es ist, als würde sie jeden Morgen, bei jedem neuen Erwachen, ein winziges Stückchen weniger Bitterkeit empfinden.

Das Handy klingelt. Ihre Schwester? Na gut, sie ist nach Kroatien gekommen, weiß nicht, ob und wann genau sie einen Tag in die Stadt gehen wird, möchte sich mit ihr treffen, reden, einen Kaffee trinken...

Ich schließe auch so nur schwer neue Freundschaften, aber das hat nun wirklich keinen Sinn. Ehrlichkeit für Ehrlichkeit, Wahrheit für Wahrheit. War es denn so schwer, zu sagen, schau mal, ich komme wegen der Nachlassverhandlung, so und so... Einige Nächte lang schlief Nan nicht besonders gut. Sie wusste nicht, warum sie erlaubt hatte, dass diese ganze Geschichte sie seelisch so belastet. Sie bekam keine Antwort auf die gestellte Frage. Konnte nicht einfach alles so bleiben wie bisher, wem tat diese Situation gut? Obwohl die eigentliche Antwort sie, wie sie am Freitag begriff, in den Kopf schlug, ohne dass sie es merkte. Das, was sie jedes Mal in ihrem Unterbewusstsein sah, wenn sie an die laufende Situation dachte, war ein lachender Jesus... Sie hat ihn auch früher gesehen, ernst, wenn sie Fehler machte, und lächelnd, wenn sie etwas gut machte, aber nie so wundervoll und mit einem so offenen Lächeln. Sie war verwirrt, aber sie verstand, dass das nicht schlecht sein kann, im Gegenteil.

Wie in etlichen, merkwürdigen Lebensverwirrungen rettete die Arbeit sie, die sie, wie bestellt, mit der vollen Kraft des geweckten Frühlings antrieb. Die Zufriedenheit war jedoch nicht das (schwer und ehrlich) verdiente Geld. Sie war glücklich, ihre Arbeit zu haben, die sie von den wirren Gedanken ablenkte.

Tag D kam und ging. Sie hatte viel zu tun im Salon, weil einmal im Monat ein Chiropraktiker kam, und an diesem Tag liefen sogar an die vierzig Leute durch ihren Salon.

Sie hörte das Handy nicht. Sie hatte auch gar keine Zeit, darauf zu achten. Abends sah sie zwei unbeantwortete Anrufe und eine Nachricht. Ihre Schwester fragte,

wann sie telefonieren könnten. Sie wollte reden...

Nan antwortete ihr – morgen, wenn ich gut ausgeschlafen habe. Aber sie schlief wieder nicht gut. Obwohl sie absolut enterbt war, hatte ihr Vater ihr noch nicht einmal so viel hinterlassen, dass sie sich einen Kaugummi kaufen konnte, und sie fragte sich, ob sie in ihrem Brief zu grob gewesen ist, ob sie jemanden verletzt hatte, der das durch nichts verdient hat... Der Gedanke, dass sie selbst auch eine Million Male verletzt wurde beim Versuch, mit ihrem Vater ein Verhältnis aufzubauen, half ihr überhaupt nicht.

Morgens verschickte sie eine Nachricht. Ihre Schwester rief an. Sie klärten kurz die Sache und vereinbarten sich für Freitagvormittag.

Als der Tag nach gefühlten dreihundert Jahren, so dachte Nan, kam, erwachte er windig und mit einem Duft nach Regen, aber Nan dachte, dass es der schönste Tag seit längerer Zeit war.

Sie trafen sich im Café beim Konzum. Nan schoss sofort aus allen Kanonen, bekam aber offene und ehrliche Antworten, die ihr halfen, vieles zu verstehen. Er war kein idealer Vater, obwohl sie das glauben wollte. Er war nicht leicht und nicht lieb. Er liebte es, zu wetten, zu trinken, und vor allem zu lügen, so dass beide von einigen unangenehmen Unwahrheiten entsetzt waren, die ihnen beiden von seiner Seite vor die Nase gesetzt wurden. Der Ring ist leider im Krieg verschwunden, wie auch viele andere Dinge und viele Leben.

Nan trug in ihrer Seele noch ein Problem mit sich. Ihre Mutter war nämlich sehr gegen dieses Treffen mit der Schwester. Sie hieß es nicht gut. Es war gar nicht nach ihrem Willen.

Aber Nan hatte plötzlich, überraschen das Gefühl, von einer großen Leere in ihrem Leben erfüllt zu sein. Alles war irgendwie normal, spontan. Alles klärte sich auf, niemand hatte Hundefutter gegessen (Herrgott!!!!).

Niemals hat irgendein Transvestit Papa Angst gemacht (oh mein Gott!!!). Die Frau, mit der er lebte, pflegte ihn in den schlimmsten Qualen und auf die schwerste Weise. Sie wusch ihn und kümmerte sich um ihn wie um ein kleines Kind. Es war kein Platz für Hass oder Tadel. Nan fühlte sich befreit, erleichtert. Es besteht kein Bedarf nach schlechten Gedanken. Jeder hat seinen Teil erledigt, sein Kreuz getragen. Endlich war alles an seinem Platz.

Es fiel ihr schwer, sich von ihrer Schwester zu trennen. Sie wollte sie noch so viel fragen. Also, danke lieber Gott für die elektronischen Medien. Sie konnten sich nach Belieben schreiben.

Sie fühlte sich glückselig. Und Jesus lachte auch weiter lauthals in ihren Gedanken.

Summa summarum ist am Ende das wahr, was ihre Mutter ihr vor vielen Jahren sagte – der Mann war auch damals ein Spieler, er log auch damals, war auch damals aggressiv und böse, und er hatte sich nie wirklich geändert. Ich freue mich, dachte Nan, dass meine Schwester real in dieser Frage ist, dass sie ihn nicht idealisiert. Ich freue mich, dass wir ziemlich ähnliche Einstellungen haben, dass wir Menschen nicht übelnehmen, dass sie anders sind. Als Nan ihr, bevor sie sich trafen, sagte, dass sie kein Schwarz trug, und dass es sie nicht überraschen soll, wenn sie sie sieht, klang die Antwort so gut, ehrlich und spontan, als würden sie jeden Tag zusammen Kaffee trinken: „Sei nicht dumm. Nicht das Schwarz trauert. Ich bin nicht so, keine Sorge..." „Es kommt mir immer mehr so vor, als wären wir wirklich, irgendwie, vielleicht Schwestern", sagte Nan zu ihr und lachte.

Ihre Schwester machte sie darauf aufmerksam, dass sie ihre Einstellung auch ihrer Mutter gegenüber lockern müsste, weil nicht alles so war, wie Nan es sich vorstellte.

Ich habe es begriffen, dache Nan später. Natürlich ist es nicht so, aber das Leben bringt dich in irgendein

schwarzes Loch und sagt dir, dass es dich nicht heraus lassen wird, wenn du nicht anfängst, jemanden zu hassen, also...

Am Samstag rief Nan als erste an. Es meldete sich der Ehemann der Schwester, freundlich, und sie wünschte ihnen gute Reise und sagte ihrer Schwester, sie solle ihr eine E-Mail schicken, wenn sie angenommen sind. Damit sie weiß, dass es ihnen gutgeht.

Und tatsächlich kam am Abend eine E-Mail. Nan antwortete sofort. Mit einem Lächeln erinnerte sie sich daran, wie ihr ihre Schwester beschrieb, dass sie einen Teil ihres Gesprächs ihrer Mutter erzählt hat, die sagte – Schau mal einer an, ich trauere um ihn, und er hat mich so schlecht gemacht...

Nan ging am Sonntagmorgen, wie an jedem Sonntag, zu ihrer Mama zum Frühstück und zum Kaffee. Sie wusste nicht, wie ihre Mama reagieren würde, wenn sie erfuhr, was alles passiert art. Für den Anfang beschloss sie, klug zu sein und zu schweigen. Aber nach dem Kaffee fragte Mama sie danach, wie es mit der Schwester beim Kaffeetrinken gelaufen ist. Nan erzählte ihr ohne Zögern alles, und Mama sagte, sie hätte es auch ungefähr so erwartet. Sie glaubte nie, dass Vater sich ändern würde. Sie sagte sogar, dass vielleicht seine zweite Frau der Unterhaltszahlung für Nan zugestimmt hat, dass er diese aber aufs Wetten verbraucht hat...

„Sie ist deine Schwester. Es gibt keinen Grund, böse zu sein. Eine von meinen Schwester ist auch nicht von meinem Vater, und trotzdem lieben wir uns das ganze Leben..."

Nan atmete auf. Niemand war verletzt. Sie hatte eine Schwester. Alles hatte sich gerichtet. Und Jesus hört nicht auf, zu lachen. Ist das nicht wundervoll?

Nach alledem, als sie ihrer Schwester geantwortet hatte, erwähnte sie, dass es sie nicht wundern soll, wenn sie die Tage öfter Mal Schluckauf bekäme. „Ich erzähle

allen, dass ich eine Schwester habe", beendete sie ihre Nachricht. Es ist viel Zeit vergangen, aber wenn wir klug sind, dann werden wir alles nachholen.

Und jetzt werde ich ihr schreiben, dass meine Mama nicht böse ist, und dass ich nicht mehr so böse auf ihre Mama bin...

Wir Menschen sind schon komische Kreaturen. Wir verstehen nie bei Zeiten. Wir brauchen das ganze Leben, um einige Dinge zu begreifen. Und viele von uns begreifen es nie, selbst wenn sie fünf oder fünfundfünfzig Leben leben könnten. Wichtig ist nur die Liebe, und ich wünsche allen auf dieser Welt, dass sie in ihren Visionen den schallend lachenden Jesus sehen. Denn das bedeutet, dass sie es gut machen, und dass sie allen um sich herum bedingungslose Liebe geben.

"Weg ins Licht" ist eine Geschichte welche durch mein Erwachsen entstanden ist. Sie ist voller Emotionen und unerwarterer Ereignisse.

Wenn Ihnen Ähnlichkeiten mit Personen oder Ereignissen vorkommen ist das nur Ihre eine Fantasie.

Ich danke meiner Familie und Freunden von Herzen fur Ihre Unterstutzung.

Vielen Dank an meine fabelhaften Übersetzter, die Firma BIT Übersetzungszentrum, Herrn Marinko Tomić und seinem Team. Ohne euch wäre dass ganze nicht möglich.

Dank an alle welche dieses Buch lesen und geniessen werden.

Snježana Kovačić